Curar a casa
Sanar a alma

Hilda Ikeda

RUMO AO ASSOMBRO

Curar a casa
Sanar a alma

Do *poltergeist* ao Feng Shui, a moradia como um organismo vivo

Tradução
Ciro Aquino

temas'de hoje.

Título do original: Curar la casa, sanar el alma
Coordenação editorial: Marcelo Gomes
Preparação: Lumi Casa de Edição
Revisão: Anderson Aparecido da Silva
Capa: Mario Blanco
Projeto Gráfico: Diego Linares
Ilustrações: Diego Linares
Diagramação: Globaltec Produções Gráficas

Dados Internacionais de Catalogação na Publicação (CIP)
(Câmara Brasileira do Livro, SP, Brasil)

Ikeda, Hilda
Curar a casa, sanar a alma : do poltergeist ao feng shui, a moradia como um organismo vivo / Hilda Ikeda ; tradução Ciro Aquino. — São Paulo : Editora Planeta do Brasil, 2005. — (Rumo ao assombro)

Título original: Curar la casa, sanar el alma.
Bibliogfrafia.
ISBN 85-7665-075-4

1. Decoração de interiores 2. Feng-shui
I. Título. II. Série.

05-2603 CDD-729

Índices para catálogo sistemático:
1. Feng-shui : Moradias humanas : Decoração : Arquitetura 729

2005

Editora Planeta do Brasil Ltda.
Alameda Ministro Rocha Azevedo, 346 – 8º andar
01410-000 – São Paulo-SP
vendas@editoraplaneta.com.br

SUMÁRIO

INTRODUÇÃO

A casa sadia

Firmitas, Utilitas e Venustas (resistência, funcionalidade e beleza) representam os três pilares teóricos sobre os quais se cimentou a arquitetura moderna.

Foram estabelecidas, no século I a.C, pelo tratadista romano Marcus Vitrubio Pollio em seus dez livros (*De architectura*), que conformam o tratado mais antigo sobre o tema.

A arquitetura é considerada desde então a arte ou a ciência de projetar e construir edifícios perduráveis, segundo determinadas regras e objetivos precisos, isto é, ela deve criar obras adequadas a seu propósito, funcionais para a vida, e capazes de inspirar um prazer estético, sejam casas, fábricas, hotéis, templos ou aeroportos.

Obviamente, a arquitetura não depende apenas do gosto ou dos cânones estéticos de seu tempo ou de seus homens, ela deve levar em conta uma série de questões práticas, estreitamente relacionadas entre si: a escolha dos materiais e sua utilização na obra, a disposição estrutural das cargas e o ponto fundamental do uso para o qual está destinado o edifício.

Muito antes de Vitrubio Pollio organizar sistematicamente esses preceitos, a arquitetura, sem ainda ter esse nome, já existia. Isso se deu a partir do momento em que o homem desceu das árvores, abandonou as cavernas e se dispôs a construir, finalmente, sua primeira morada.

O que muito depois seria chamado de *arquitetura vernácula* não necessitava de arquitetos, mas, conforme o conhecimento e as técnicas avançavam, artesãos com conhecimento se ocupavam da projeção e da realização primeiro das casas, depois dos templos.

Os materiais de que dispunham adquiriram uma importância decisiva. Nas regiões de florestas do planeta, a madeira foi ferramenta e elemento; em outras, foi a pedra; até mesmo as peles de animais dos índios americanos, peles que eram suas paredes, e também o adobe – que depois deu lugar ao tijolo quando o homem aprendeu a cozinhar a argila –, até que a modernidade descobriu o uso do ferro e da cal para, no final, elaborar o cimento, o concreto armado, o *Portland*... e o prazer e a segurança do lar em todas as suas possibilidades: resistência, funcionalidade e beleza: *Firmitas, Utilitas, Venustas.*

Passo a passo, o homem foi procurando, ao longo de toda sua história, a melhor e mais confortável forma de conseguir a harmonia entre o espaço que ele habita e a alma que o habita.

Nessa inteligência e nesse empenho foi refinando suas técnicas, elaborou novos métodos e evoluiu em suas pesquisas. Porque a casa é a grande pele que recobre a pele, porque o *hábitat faz o ser* e o ser, finalmente, é *o hábitat.*

Como em outros planos da evolução, a arquitetura foi além da proteção do homem dentro de seu meio ambiente para se ocupar também do equipamento interno do lar, otimizando suas capacidades e comodidades, até alcançar, nas últimas décadas, a invenção de complexos sistemas de acondicionamento, instalações elétricas e sanitárias, prevenção de incêndios, iluminação artificial, escadas rolantes, elevadores hidráulicos e, agora, a utilização da informática para controlar toda essa rede de mecanismos e estabelecer o que já se conhece com o nome fantástico de *edifício inteligente.*

Todos esses modernos conceitos são sustentados, alimentados ou originados em procedimentos muito mais antigos que os fundamentos básicos traçados por Vitrubio há mais de vinte séculos.

Milhares de anos antes da era cristã, no longínquo Oriente, os chineses já desenvolviam um conjunto de teorias e técnicas que somente agora, nas últimas décadas, alcançaram a compreensão e o respeito do Ocidente: o Feng Shui. Uma disciplina que inclui muitas outras e cuja delicada conjunção está orientada, diretamente, para melhorar e otimizar as propriedades da moradia humana. No Feng Shui tudo – formas, cores, odores, texturas, materiais, decoração e disposição – tem um papel fundamental, equilibrando a matéria e a energia de uma casa para que essa harmonia, em seu fluido positivo, alivie, ajude ou eleve o bem-estar de seus habitantes.

O outro material deste livro não deverá surpreender o leitor e é, ao mesmo tempo, uma forma honesta de cumprir com meu editor e com os alinhamentos da coleção para a qual, honrando-me, ele me solicitou esta obra. Casas enfeitiçadas, ambientes hostis, lugares adversos, disposições negativas que terminam afetando a vida de seus habitantes e que deixaram de ser, há muito tempo, mistérios de terror ou superstições primitivas para se tornarem fatos verdadeiros, que bem podem ter, em muitos casos, soluções verdadeiras.

Nessa busca, nessa evolução, o homem indagou sobre todas as possibilidades da moradia até compreender que uma casa não é apenas matéria, mas também energia. Cada casa tem uma alma, uma alma intangível, viva. Uma alma capaz de melhorar ou prejudicar as almas que a habitam. Uma alma que pode enlouquecer ou inspirar, adoecer e ser curada.

Este livro parte da consciência de que existem fenômenos extra-sensoriais, geralmente enfocados pela Parapsicologia, que existem e são verificáveis. Eu não os ignoro, e de quando em quando deixarei testemunho de alguns deles, tenham sido resolvidos ou não, como dado de interesse e como prova de que não desconheço e muito menos subestimo tais fenômenos. Mas esses fatos não são o centro da obra.

Tampouco o leitor encontrará aqui dados pormenorizados de como localizar cada estatueta, cada cinzeiro, quantos graus para sudeste colocar a varanda da casa, segundo um suposto Feng Shui que serve – irresponsavelmente – tanto para um habitante do hemisfério Norte como para um do Sul, para um senhor de Barcelona, ou um de São Paulo. Falarei – e muito – dessa disciplina que o Oriente brinda ao Ocidente e de muitas outras novidades surgidas a partir dela.

Este livro não ignorará os fatos de *poltergeist*, mas a intenção é dirigir-se para a luz sem se ater demasiadamente nas sombras.

No fundo, respondo assim aos casos das múltiplas nanas (nanas) latinas quanto a casas enfeitiçadas e a situações anômalas que eu mesma testemunhei, além das que conheci por múltiplas leituras.

Também me atenho à lembrança de meu pai, um arquiteto japonês, e o vejo planejando cada edifício, cada casa de amigos como se ele mesmo fosse viver nela. Meu pai dizia que um arquiteto é capaz de criar um ser vivo que respira, transpira, oscila, move-se sem que se perceba, sobretudo se cumpre bem cada uma dessas funções, e que sua maior virtude é justamente que suas virtudes passem despercebidas.

A casa pode adoecer ou nascer doente; podemos curá-la ou fazer com que nasça sadia. Em unidade com os que a habitam é que... *curar a casa é sanar a alma.*

Meu pai costumava dizer com otimismo que um arquiteto, inclinado sobre uma prancheta como quem se deita para fazer amor, dá vida a outro ser secretamente vivo, que seguramente sobreviverá a ele e, talvez, sobreviverá a seus filhos e aos filhos de seus filhos, e assim sucessivamente...

A ele, à sua lembrança, dedico este livro.

Capítulo I

A CASA DO DOENTE

No jornal *Edmond Journal*, do Canadá, no dia 11 de novembro de 1969, foi publicada a seguinte crônica, baseada em um telegrama da agência Associated Press:

Gillingham, Inglaterra (AP) – Uma tranqüila residência localizada à beira-mar converteu-se na mansão do terror. Nela, uma menina de três anos de idade é aparentemente vítima de convulsões quando a colocam na presença de um crucifixo. "A criança está possuída por um espírito maligno", sustenta sua mãe, Christine Adams. Uma entidade sobrenatural se apoderou da menina e da modesta casa desta pequena cidade da costa de Kent.

O pesadelo começou há um ano, segundo disse a senhora Adams, quando as luzes começaram a ascender e a apagar, os móveis se moviam de um lugar para outro, as portas se abriam de repente, os cinzeiros e outros objetos caíam das mesas, e quartos normalmente cálidos tornavam-se autênticos congeladores. "O mais horrível de tudo – diz a senhora Adams – , foi a transfiguração de minha filha Carol".

Um belo dia, a inocente criatura começou a conversar com

uma pessoa invisível, utilizando palavras que uma menina de sua idade não podia conhecer e, às vezes, respondia para si mesma com uma voz mais grave, como a de um adulto.

"Às vezes, podíamos escutar alguém que cantava uma suposta canção de ninar, ao mesmo tempo em que minha filha falava", afirma a mãe. Ela e seu esposo colocaram uma cruz de madeira na sala, para tentar combater essa entidade maligna. No entanto, cada vez que a menina se aproximava da cruz, seu rosto se crispava. "Tensionava os dedos como garras e mostrava os dentes. Era algo horrível."

Uma vizinha dos Adams, a senhora Marjorie English, disse ter observado uma vez a menina pendurar-se para fora da janela do segundo andar da casa. "Eu corri para avisar sua mãe, mas ela me disse que isso era impossível porque todas as janelas estavam fechadas de maneira fixa. Mais tarde, quando o senhor Adams voltou para casa, verificou: as janelas não podiam ser abertas. Sempre ri desse tipo de coisa, mas acredito que agora vi demais."

O filho da senhora English, Graham, de 17 anos, declarou que uma noite escutou ruídos estranhos que vinham do quarto de Carol, e que, ao subir para saber o que acontecia, "a menina estava totalmente metida na fronha do travesseiro".

A senhora Adams finalmente declarou: "Estou convencida de que alguma entidade sobrenatural se apoderou da casa e se manifesta por meio de Carol".

Tempos depois, os pais da menina mandaram trazer a célebre médium Elizabeth Langridge que, ao cabo de uma sessão na casa, declarou: "Não vimos nada, mas detectamos forças indesejáveis. Um espírito se apoderou da casa e se serve desta menina", finalizou.

Fogos da mente

Pode-se aceitar ou não a veracidade dessa crônica, mas é uma entre milhões. De fato, as histórias de casas enfeitiçadas

– ou encantadas – são tão antigas quanto inexplicáveis ou inacreditáveis.

Quem não escutou alguma vez – além da ficção, do cinema ou da literatura – falar de uma casa enfeitiçada, em cujo interior aconteciam fatos e coisas que ninguém podia explicar racionalmente.

Às vezes, tais histórias falam de sombras ou de luzes que atravessam de lado a lado um corredor, o quarto ou as escadas de uma residência, e que podem ser observados por poucos segundos, o tempo suficiente para não se ter certeza do que foi visto, e para saber com certeza que *alguma coisa* foi vista.

Outras histórias se referem a gritos, batidas, gemidos ou ruídos, cuja fonte de origem é sempre incerta. Esses sons ou ruídos costumam ser ouvidos por quase todos os habitantes dessas moradias, o que torna impossível, então, serem explicados como uma simples alucinação auditiva pessoal... Também é freqüente a história de que, em certas casas, diversos objetos desaparecem misteriosamente para voltarem a aparecer em um lugar diferente, ou que os móveis e outros ornamentos se movem de lugar ou mudam de posição.

Um dos fenômenos mais desconcertantes que se conhece é o fogo repentino, a *combustão*. Por que uma casa – ou às vezes uma pessoa – começa literalmente a arder é alguma coisa para a qual ainda não se encontrou explicação. Em 1959, no Alabama, foram acesos, de forma inexplicável e simultânea, 18 focos de incêndio em uma casa de madeira. Os bombeiros tentaram apagá-los, mas quando conseguiam dominar algumas chamas, os pontos de combustão eram reproduzidos em outro lugar. Não havia curtos-circuitos, tampouco o fogo foi produzido por causas químicas ou eletrostáticas comprováveis. A família que habitava a cabana era supersticiosa e todos os integrantes decidiram abandonar o lar. Mas em sua nova moradia, os fogos misteriosos os acompanharam. Isso motivou uma investigação policial. Os agentes que intervieram no caso puderam testemunhar sobre o que viram. Um colchão se incendiou diante de seus próprios olhos e o mesmo aconteceu, imediatamente, com fatias de pão. A família teve que procurar um terceiro lar, mas em poucos dias novos focos de combustão espontânea aconteceram também lá. E nunca ninguém entendeu por quê.

Outro caso similar, e igualmente enigmático, aconteceu em Londres, em 1963. Um bombeiro chamado Jack Stacey foi para um incêndio de um imóvel abandonado. A casa não tinha nenhum sinal de ter sido danificada pelo fogo, mas quando Stacey examinou seu interior, encontrou o corpo em chamas de um mendigo. O homem exibia uma ferida de 10 cm no abdômen, e dela brotavam as chamas, como que alimentadas por um combustível poderoso. Para apagar esse fogo, Stacey dirigiu o jato da mangueira em direção ao corpo morto e o apagou, mas nunca se pôde saber a causa real do incêndio. A casa estava abandonada havia muitos anos, e desde então não tinha gás nem eletricidade. Tampouco foram encontrados fósforos. O mistério ficou assim: célebre e sem explicação.

Talvez as mais aterradoras histórias destas sagas sejam as que narram o que se conhece com o nome de "aparições", sejam de uma alma penada, um duende, o espírito de um morto ou alguma outra forma humana, mesmo que indefinível.

Para além do que o público possa acreditar ou não, a Parapsicologia vem estudando esses fenômenos há décadas. Sem descartar a intervenção de faculdades como a telepatia ou a telecinesia, os especialistas explicam esses fatos a partir da possibilidade de que algum tipo de registro psíquico tenha ficado gravado, talvez à raiz de certa violência ou emoção forte gerada sabe-se lá em que momento. Em tais casos, o fantasma não seria um espírito sensível, e sim uma mera projeção. As teorias telepáticas sustentam tal hipótese pelo fato de que, se uma pessoa pode enviar uma imagem de si mesma a um receptor, pode também enviar um tipo de imagem que flutua livremente até ser captada por alguém suficientemente sensível para recebê-la.

Atualmente, sabe-se que existem pessoas com a capacidade psíquica necessária para criar imagens com o pensamento e, com a mesma força, projetá-las. Existem muitos episódios desse tipo. Por exemplo, diante de uma situação limite, como um grave risco de acidente, muitas pessoas emitem sinais, mensagens ou idéias através do pensamento, e conseguem dirigi-los a seres queridos que, por razões sentimentais, estão em direta conexão mental com eles, e esses seres queridos podem receber esses sinais em forma de imagens.

Os pesquisadores do tema afirmam que existem pessoas com capacidades ou possibilidades naturais de enfeitiçar uma casa. E não apenas uma casa, até mesmo um povoado inteiro.

De novo na Grã-Bretanha, aconteceu um fato famoso, ocorrido pouco antes do final da Segunda Guerra Mundial. Durante muitos anos, os habitantes do povo de Great Leighs diziam – ou sabiam – que havia uma bruxa enterrada em um cruzamento conhecido como Scapfaggot Green, e por isso o lugar exato do sepulcro tinha sido fechado por uma enorme rocha.

A bruxa em questão se chamava Alice Molland, e tinha sido queimada na fogueira uns duzentos anos antes de acontecer o que é narrado a seguir.

A bruxa de Scapfaggot Green descansava tranqüilamente em seu sepulcro desde meados do século XVIII, até a Segunda Guerra. Naquela época, a paz de Great Leighs foi quebrada pela chegada da Royal Navy em sua costa. O trânsito militar, na época, revolucionou a vida daquele manso povoado rural. As janelas vibravam com a passagem dos tanques, e algumas ruas, muito estreitas, tiveram que ser alargadas, dando início às remodelações. Um oficial que ignorava as velhas tradições de Great Leighs mandou uma escavadeira alargar as ruas que se cruzavam em Scapfaggot Green. E a rocha que marcava a tumba de Alice Molland foi removida pela primeira vez em duzentos anos. Ai começou a catástrofe. A fisionomia do povoado tinha sido modificada, mas agora também sua realidade era modificada. Uma série de fatos inéditos começaram a acontecer, e eram tão fantásticos que seriam inacreditáveis, não fosse pela infinidade de pessoas que puderam presenciá-los. Os sinos da igreja do povoado soavam em plena madrugada, sem que ninguém estivesse mexendo em suas cordas. Um construtor local encontrou suas ferramentas quebradas em uma caixa de metal cuja fechadura permaneceu, no entanto, intacta. Um granjeiro perdeu todas as suas ovelhas em apenas um instante de distração, e elas não foram encontradas nunca mais. A imprensa local se ocupou do assunto e, em 15 de novembro de 1943, o jornalista John Cooper intitulou seu artigo de página inteira no *Sunday Pictorial*: "A Bruxa caminha em direção a Scapfaggot Green". O mesmo cronista foi testemunha ocular de um episódio mais do que surpreendente, em um bar do povoado. Uma enorme pedra, igual à rocha que cobria o corpo morto de Alice Molland, tapou, em uma tarde, a entrada do *pub*, sem que ninguém soubesse como ela tinha chegado até lá.

Absolutamente seguros de que os fatos estavam relacionados com a referida bruxa, os habitantes do povoado decidiram consultar o famoso caça-fantasmas da época Harry Price, que os aconselhou a devolver a pedra a seu lugar original, imediatamente. A partir desse momento, os acontecimentos fantásticos diminuíram pouco a pouco, até cessarem completamente poucos meses depois.

Alguns parapsicólogos, ainda hoje, pretendem explicar esses fatos recorrendo à capacidade psíquica de cada indivíduo, multiplicada por um povo inteiro, habitante por habitante. A sugestão diante das tradições mais enraizadas, a força mental de cada um deles e as alterações nervosas que, evidentemente, produziu a chegada das tropas... talvez quebraram as ferramentas daquele granjeiro, ou levaram as ovelhas desse pastor, ou arrastaram com tremenda força telecinética a rocha de Alice Molland até a porta do *pub*...

Ainda assim, sem descartar essas teorias, os pesquisadores não descartam a existência de entidades desencarnadas que, simplesmente, não conseguiram alcançar o plano de existência que lhes correspondia. Estranhos fenômenos, misteriosas entidades, normalmente chamados de "fantasmas".

Fantasmas do aqui

Como tantos ramos da ciência ou da paraciência sustentam, o mundo dos espíritos não estaria em cima nem em baixo, nem no mesmo plano que os seres de carne e osso habitam e que conhecemos com o nome de "terceira dimensão". O que se costuma chamar de "o mundo dos espíritos" é mais bem concêntrico em relação à terceira dimensão e por isso existiria uma mesma zona espacial com o plano que habitamos... embora não se manifeste materialmente em nossa atmosfera.

Este plano etéreo está exatamente ao nosso redor e, ao morrerem, os homens são submergidos nele. Isso é o que os especialistas chamam "transição normal". No entanto, às vezes, essa transição pode não se completar, ou acontecer de forma falha. Uma morte violenta, por exemplo, possibilitaria tais casos, provocando nesses espíritos uma *continuidade fantasmagórica*, e então a entidade bem poderia optar por alguma outra moradia especial.

Para os estudiosos desses fenômenos, o fato de o ser etéreo escolher uma casa em particular pode responder a diferentes motivos. Essa casa talvez tenha sido sua residência; ou, talvez, em vida, essa entidade manteve uma relação muito estreita com alguma pessoa que habitou ou habita essa casa... Também poderia ser que sua morte esteja relacionada com a casa e, então, até que o mistério não seja esclarecido, seu registro psíquico fica preso nessa moradia, a tal ponto que algum de seus habitantes, ou todos eles, poderiam identificá-lo como um *fantasma...*

Um dos casos mais famosos sobre a existência de fantasmas aconteceu também na Inglaterra, no Convento (Rectorado) de Borley, um dos mais populares do país. Dizem que lá residiam dois fantasmas descabeçados e uma freira que tinha sido assassinada por causa de um romance clandestino. O fato é que os proprietários da casa eram incomodados por sussurros de agonia, mensagens enigmáticas nas paredes e toques de sinos que soavam a toda hora, sem que houvesse sinos na casa... Os jornais e a polícia confirmaram a existência das mensagens, escutaram os sussurros agonizantes e ouviram os sinos que não existiam. Mas não puderam explicar nada.

Outro caso, muito estranho, foi o do espectro da Praça Berkeley, em Londres. O famoso fantasma que, na época, diziam que lá morava era conhecido por ter assassinado várias pessoas durante alguns anos. Uma das histórias mais terríveis era a de Sir Robert Warboys, que certo dia aceitou o desafio de passar uma noite lá. Armado com uma pistola, ele se instalou no dormitório do primeiro andar enquanto o dono da casa ficava no térreo com um amigo. Quando se ouviu um disparo uma hora mais tarde, os dois homens correram ao dormitório do andar superior e lá encontraram Warboys morto, com uma expressão de horror no rosto.

Naturalmente, nem todos os "fantasmas" costumam se manifestar em aparições na forma humana. Na maioria das histórias comprováveis de *casas encantadas (ou enfeitiçadas)*, ocorre um tipo de aparição muito especial conhecido como "energia fria".

Nestes casos em particular, o *ente etéreo* é completamente invisível, embora, no entanto, manifeste sua presença de maneira inequívoca. Por exemplo, pode acontecer de um lugar ou região da casa estar sempre frio e úmido, sem que haja nenhuma causa específica real que explique o fato. Também um ambiente "carregado" é indício da presença de *energias frias*, e os que entram nele imediatamente experimentam algum tipo de depressão repentina, angústia, nervosismo, fadiga, peso ou, diretamente, sono, muito sono... Para a maioria, isso acontece sem que saibam o que lhes acontece.

E, logicamente, existem também entidades mais violentas, energias que se manifestam por batidas inexplicáveis, ruídos diversos, odores nauseabundos, móveis que mudam de lugar, objetos que desaparecem e até levitações... Como regra geral, os parapsicólogos agrupam esses fenômenos sob uma denominação especial: *poltergeist*. A palavra deriva dos termos alemães: *polter*, que significa ruído, e *geist*, espírito.

As forças invisíveis

Somente em meados do século XIX, com o incremento e a evolução da pesquisa científica sobre os fenômenos paranormais ou supranaturais, o termo *poltergeist* passou a ter difusão internacional, na literatura, no cinema, e hoje é de uso quase corrente. Mas o fenômeno em si conta com uma trajetória muito mais longa, com casos registrados desde a Antigüidade.

Os historiadores o relacionam sempre com a crença em espíritos caseiros, convicções muito arraigadas em antigas e diversas culturas de todo o mundo. Assim, na Rússia, fala-se do *diedushka damavoi* ("o espírito da casa do avô"); os ingleses e os escoceses preferem chamá-lo *bogeyman* ("o diabo malévolo"), que, em essência, é a mesma coisa que nas culturas hispânicas costuma ser conhecido com o nome de *cuco*. Mas todos são – ou podem ser – casos de *poltergeist*.

Em muitas dessas culturas, segundo suas próprias lendas,

os *poltergeist*, se bem tratados, podem ser amáveis com a família com a qual convivem... mas malignos e destrutivos, se molestados. Como regra geral, são espíritos invisíveis que tanto podem agir em casas de família como em lugares de trabalho, hotéis, bibliotecas, hospitais...

É verdade que esses fenômenos são fáceis de serem falsificados, mas, no entanto, a ciência registra não poucos casos diante dos quais, na falta de explicações racionais, ela concordou finalmente em considerá-los autênticos. De acordo com psicólogos, psiquiatras, parapsicólogos e outros, um *poltergeist* é uma simples manifestação de telecinesia gerada no subconsciente por um dos habitantes da casa, com freqüência o mais jovem deles e, normalmente, do sexo feminino.

A palavra "telecinesia" deriva do grego *tele*, "longe", e *kineo*, "eu movo". A Parapsicologia denomina assim a capacidade de mover objetos à distância, sem exercer nenhum contato direto ou indireto, e sem causa física perceptível, embora geralmente em presença de um médium, ou seja, de uma pessoa com faculdades telecinéticas naturais.

Até onde se sabe, a energia liberada que causa o movimento desses objetos é a mesma que se manifesta durante os fenômenos telepáticos ou parapsicológicos. Alguns autores definem tal energia como um fluido psíquico capaz de afetar a matéria. "Energia biótica" e "telergia" são outros termos para definir a força que emana do corpo da pessoa dotada dessa faculdade, e que depois forma um campo eletromagnético capaz de produzir numerosos efeitos, como fazer levitar o próprio emissor ou outras pessoas, ou um objeto.

De acordo com os pesquisadores, se, em geral o fenômeno costuma se dar nos mais novos, é porque, muitas vezes, são os mais jovens que requerem maior atenção; ou porque há um trauma neles que não está sendo devidamente atendido; ou porque talvez atravessem alguma crise emocional muito profunda – típicas da puberdade ou da adolescência –, e ao temerem exteriorizá-la de maneira consciente, acabam manifestando-a a partir de certas faculdades especiais detonadas pela crise.

Outra possibilidade considerada pelos parapsicólogos para explicar fenômenos próprios das casas enfeitiçadas é a chamada "manifestação da energia", na qual a energia própria do ser humano pode ser exteriorizada e até ficar impregnada nos objetos que este toca ou que simplesmente o rodeiam.

Por exemplo: se alguém se encontra em um quarto e lhe acontece algo que altere seu estado emocional de maneira exagerada, a energia exteriorizada pode ser suficientemente poderosa para ficar impregnada nas paredes ou nos objetos do quarto, e permanecer ali por tempo indefinido. Pessoas com intuição suficiente, ou com percepção desenvolvida, são capazes de sentir e até visualizar tal energia armazenada.

O caso mais espetacular durou de agosto de 1977 a setembro de 1988. Durante esse tempo, uma mulher e seus quatro filhos, que viviam em uma casa de aluguel em Enfield, ao norte de Londres, experimentaram quase todos os tipos de atividades *poltergeist* identificadas até hoje. Foram registrados não menos de quinze mil incidentes, que deixaram desconcertados todos os que participaram na pesquisa: assistentes sociais, fotógrafos, psicólogos e dois pesquisadores psíquicos, entre outros.

Na cidade de Thoune, Suíça, no ano 1967 – conforme os jornais locais registram – em uma casa nova, recém-terminada, começaram a acontecer coisas inexplicáveis. Os fios da instalação elétrica se soltavam sozinhos, os fusíveis se juntavam sem motivo aparente, peças de roupas voavam pelos ares, as portas dos guarda-roupas e dos quartos abriam e fechavam sozinhas, uma mesa levitou e voou quebrando coisas em sua passagem e as bacias na cozinha se esvaziavam sozinhas. Desta vez ninguém pôde explicar grande coisa. O fato foi registrado e testemunhado por diferentes pessoas. Só isso.

Se todos esses fatos resumidos aqui, e outros muitos, respondem na realidade a um *poltergeist*, a diferentes aparições espectrais, a razões de ordem etérea, eletromagnética, fantástica ou não... isso será para sempre um mistério. Mas um mistério real, que demonstra em si mesmo a existência de energias ou acontecimentos inexplicáveis para a razão e, no entanto, próprios de algumas casas, de certos âmbitos ou lugares, onde certas energias desconhecidas prevalecem além do visível.

A questão é que as casas vivem e que suas vidas podem ser boas ou más, sadias ou doentes... Em todo caso, tratá-las, curá-las, cuidá-las e equilibrá-las sempre será um dever, e um privilégio, de seus próprios moradores.

Capítulo II

O FENG SHUI

Detectar o lugar exato onde viver, mais que uma aspiração ancestral, é um instinto natural, uma necessidade crucial, humana ou animal.

As mais antigas civilizações (romanos, chineses, egípcios, celtas e quase todos os povos nômades do grande Saara e da Sibéria) já contavam com métodos específicos ou indivíduos especialmente capacitados para escolher o lugar ideal onde construir suas moradias ou assentar seus acampamentos.

Os romanos colocavam suas ovelhas para pastar livremente, durante meses, ao cabo dos quais examinavam suas vísceras, analizavam-nas e assim colhiam informação certa sobre o terreno escolhido, sobre as possibilidades e os riscos que oferecia para a sobrevivência.

Já os aborígenes da América do Norte soltavam seus cavalos e onde eles paravam para descansar e pastar instalavam suas tribos.

Na África, os tuaregues, ainda hoje, confiam essa missão a seus cachorros e levantam suas barracas onde eles indicam.

Claro que também os lugares negativos eram assinalados com precisão. Não é à toa que hoje encontramos antigos lugares sagrados em regiões onde se concentra um alto nível de radioatividade natural, regiões de culto milenar, reservadas aos mortos ou aos deuses.

Medições modernas detectaram importantes anomalias geomagnéticas, elevados níveis de radioatividade ou outras alterações geofísicas em lugares marcados por petróglifos, menires e pirâmides, que dessa maneira marcavam a presença de energias que era melhor evitar ou temer.

Mas na arte-ciência e urgência de encontrar o melhor lugar para viver, os chineses foram mais longe que ninguém e há milhares de anos começaram a experimentar com suas varinhas de zahorí, depois a bússola ampliou suas possibilidades e, finalmente, trouxeram à luz uma disciplina que após tantos séculos não apenas continua vigente como se impõe em todo o mundo: o Feng Shui.

O Feng Shui é a antiga arte oriental de criar ambientes harmoniosos a fim de conseguir uma perfeita relação entre o homem, a natureza e o universo.

Suas leis e princípios foram desenvolvidos através dos séculos e transmitidos de mestre a discípulo, chegando a ser hoje uma disciplina em plena expansão já no Ocidente.

Segundo a visão do Feng Shui, se é encontrado o melhor lugar para viver e trabalhar, é possível, então, otimizar os rendimentos, receber energia favorável, conseguir o verdadeiro descanso, melhorar a saúde, desfrutar o amor e alcançar a abundância material e a transcendência espiritual...

Há um provérbio chinês que diz: "Primeiro é o destino e a sorte, depois o esforço, e em terceiro lugar vem o Feng Shui".

A SABEDORIA DOS SÉCULOS

Oráculo por excelência do antigo e sábio povo chinês, o *I Ching, o livro das mutações*, não é apenas a essência e o coração de sua cultura, mas também um livro que explica as regras da mudança no Cosmos, na ordem das coisas e o equilíbrio na natureza. Na China, o *I Ching* marcou a origem da matemática, da astronomia, da medicina, da ciência e até do Kung Fu... Por isso o povo chinês – sejam nobres, camponeses, intelectuais ou estrategistas – o consulta sempre, cotidiana e regularmente, e de geração em geração, desde o momento em que foi escrito até hoje. Em outras palavras, milhões de pessoas o vêm aplicando há milhares de anos em seu desenvolvimento científico, político, astronômico, medicinal, militar, pessoal, arquitetônico, psicológico, no projeto de suas moradias e para entender melhor suas próprias almas. Não é necessário sublinhar sua importância.

O *I Ching* se baseia em símbolos que representam desde a Antigüidade o segredo da própria vida: os Oito Trigramas. Como protagonista dessa lenda é mencionado Fu Hi, o primeiro dos reis míticos chineses (três mil anos antes de Cristo). Segundo essa versão, uma tartaruga mágica surgiu do rio Lo e ofereceu a Fu Hi uns símbolos, nos quais o rei, clarividente, pôde decifrar todos os segredos do cosmos. O fato é que do *I Ching* surgiu a teoria do Feng Shui.

No começo, somente as casas imperiais e os nobres tinham acesso a esses conhecimentos. Os chineses o chamavam "Aplicações de imperadores e reis" e sua sabedoria era um segredo reservado aos ricos e poderosos, que através do Feng Shui conseguiam melhor saúde, maior poder e completa harmonia.

Isso nos informa que o Feng Shui remonta a tempos mitológicos, embora nenhum dado histórico fidedigno revele quando e quem o concebeu pela primeira vez. Não obstante, sua íntima associação com a antiga pedra ímã chinesa levou a pensar que talvez já existisse quando a bússola foi inventada, uma conquista que tradicionalmente é imputada ao Imperador Amarelo, o grande herói-sacerdote-monarca da antiga China, que se supõe viveu por volta do ano 2700 antes de Cristo.

Em termos modernos, pode-se dizer que foram os taoístas os primeiros ecologistas. Eles, antes que outros, perceberam a ligação profunda entre o homem e a paisagem; logo se deram conta de que a natureza reagia à menor mudança, depois notaram que essas mudanças repercutiam no ser humano e assim entenderam a vital importância de que os homens encontrassem a melhor maneira de viver em harmonia com seu entorno. Porque esse – já diziam – era "o caminho da felicidade, do bem-estar e da prosperidade".

Existem poucos registros históricos antigos sobre o Feng Shui, mas as escavações arqueológicas feitas durante os últimos anos na China descobriram registros que datam dos séculos III ou IV a.C. Alguns especialistas acreditam que o conhecimento e sua prática foram formulados durante os períodos da Primavera e Outono, ou dos Reinos Combatentes – entre o ano 800 e o 200 a.C. –, quando a adivinhação pelo *I Ching*, a teoria do Yin-Yang e o pensamento cosmológico baseado nos cinco elementos foram escritos pela primeira vez. É possível. O Feng Shui está intimamente relacionado com tais sistemas, em especial com o *Yijing*, supostamente compilado por volta do ano 600 a.C., por Lao Tsé, legendário fundador do taoísmo.

O primeiro registro histórico de um praticante do Feng Shui data do início da dinastia Han, quando surge a figura do conhecido erudito e estrategista militar Zhang Liang – que viveu entre os anos 230 e 185 a.C. Segundo narra a lenda, Zhang Liang recebeu aqueles conhecimentos de um sacerdote taoísta chamado Chi Songzi. Outros historiadores sustentam que Zhang também foi discípulo de outro adepto famoso, Huang Shigong. Na antiga

China, tanto Chi Songzi como Huang Shigong são considerados os fundadores do Feng Shui. No entanto, alguns historiadores sustentam que essa disciplina responde a uma tradição ainda muito mais antiga.

De qualquer maneira, a arte do Feng Shui não alcançou seu apogeu senão na dinastia Tang, entre os anos 618 e 906 de nossa era, quando floresceram muitas escolas e praticantes, entre os quais houve oito conhecidos mestres que estabeleceram e difundiram o Feng Shui. Literalmente, Feng Shui significa "vento" (Feng) e "água" (Shui), e surgiu da necessidade, da observação que gera a necessidade.

A China sempre foi um país agrícola com muitas bocas para alimentar. Seus habitantes, que gozavam do tempo necessário para a observação na natureza, descobriram nela a solução para seus próprios obstáculos. O comportamento das nuvens, o curso dos rios, a direção e a força dos ventos, a posição das estrelas, tudo lhes falava, tudo lhes ensinava... E, conforme as observações avançavam e as conclusões se repetiam, aqueles sábios chineses começaram a reunir as diferentes peças que deram origem ao Feng Shui. Foi assim que descobriram que uma casa bem construída, no lugar correto, protegida dos ventos e exposta ao sol era muito mais cômoda, prática, e saudável para seus habitantes.

Com o passar dos anos, o nível de aplicações do sistema era enriquecido com novas observações e mais descobrimentos e, assim, rapidamente, essa disciplina despertou o interesse de nobres, sábios e filósofos, a partir dos quais o Feng Shui conseguiu uma profundidade de ciência sem jamais perder seu espírito de arte.

Fica claro, então, que o Feng Shui não é a teoria iluminada de um só homem, mas o trabalho de observação de milhares de seres ao longo da extensa história chinesa. O que torna mais provável que o Feng Shui tenha fundamentos reais e, portanto, funcione com eficácia.

Foi baseado nos princípios do Feng Shui, há mais de dez séculos, que um imperador ordenou continuar a construção da muralha chinesa até reunir seus dois braços e assim se defender melhor das tribos do norte e do oeste, entre elas a do temível Gengis Khan... Ao mesmo tempo, esse imperador enviou até seus inimigos os melhores mestres em Feng Shui, para que lhes ensinassem a ter uma vida melhor e se esquecessem de invadi-los. E assim, definitivamente, o Feng Shui começou a se expandir para além das fronteiras da China e até nossos dias.

O MAR DO *CHI*

De acordo com a cultura chinesa, tudo o que faz parte do mundo físico está dotado de uma energia vital chamada *chi*.

Todos os móveis, um quadro, um enfeite, até mesmo um eletrodoméstico, e obviamente as plantas, as fotos, qualquer pedra, um automóvel, tudo tem *chi*, tudo está envolvido em *chi*, essa energia absoluta que nos envolve como um mar. Por isso costuma-se falar do "mar de *chi*".

Por isso, do ponto de vista do Feng Shui, as casas, os edifícios são observados como seres viventes, corpos vivos que têm um sentido, uma razão de ser, um objetivo: sustentar e proteger os que vivem ali.

O Feng Shui se ocupa de aproveitar ao máximo o fluxo de energia universal, ou corrente *chi*, também chamada *ki*, *prana*, ou força cósmica entre outras culturas. Para um conhecedor, mestre ou praticante do Feng Shui, é capital criar a harmonização em todas as coisas e em todos os espaços onde vivemos, trabalhamos ou brincamos.

Entender o *chi* é entender por que algumas casas parecem cheias de vida, enquanto outras languescem; por que às vezes um jardim em um sítio modesto, criado sem nenhuma premeditação, é muito mais acolhedor e vital do que um espaço cuidadosamente projetado e planejado. A resposta é o *chi*.

O *chi* é a energia primordial do universo. O *chi* é a força que cria a manhã, as montanhas, o mar e até o impulso que leva o salmão a viajar centenas de quilômetros para desovar no mesmo lugar onde nasceu... O *chi* também é a energia que recebemos de alguém que nos dá seu apoio ou seu consolo, que nos dirige uma palavra de estímulo ou um olhar significativo, ou a graça que nos concede a presença de um frondoso eucalipto, de um ramo de jasmins, do mar, da montanha ou da manhã...

Não é necessário ter ou desenvolver um "sexto sentido" para perceber e compreender o *chi*. Basta a vista, o olfato, o tato e o ouvido. Se você quer saber como o *chi* flui em um espaço determinado, basta apenas seguir sua atenção instintiva. "Ali para onde converge nossa atenção, está o *chi*." Os comerciantes utilizam esse princípio de maneira inconsciente, para atrair seus clientes com cartazes luminosos, objetos móveis, cores berrantes, alto-falantes, perfumes ou aromas que excitem ou convoquem o olfato, o ouvido, a vista, o tato... Subterfúgios que nada mais são que formas de atrair a atenção das pessoas, seu *chi* e, portanto, a prosperidade e o bem-estar.

O Feng Shui ensina que a chave do bom *chi* reside na maneira pela qual as nossas percepções são estimuladas. E é fato que elas não devem ser bloqueadas, confundidas, nem aceleradas. O Feng Shui ensina a distribuir e organizar as cores, as formas, a luz e os aromas, para assim atrair o *chi* e para que este circule pela casa harmoniosamente.

Tomemos de novo o exemplo da natureza. Quando a água de um rio flui livremente, a uma temperatura adequada, sem problemas nem desperdícios, é possível colocar as mãos no rio e beber sua água. Mas se a temperatura diminui muito, a água congela e forma blocos de gelo; e quando esquenta demais, a água evapora e desaparece; e quando ela estanca e não flui, fica suja, poluída e já não serve. A mesma coisa acontece com a energia universal *chi*. Quando flui, nutre; mas se ela se desequilibra, prejudica e contamina. Se o *chi* se estanca, ou corre com excessiva lentidão, tirará vitalidade e gerará transtornos de saúde. Se, ao contrário, flui rápido demais, desconcentra, produz aceleramentos e nervosismos, a pessoa também pode adoecer.

Um exemplo simples está no guarda-roupa, sempre desorganizado. Essa desordem atua diretamente sobre nós. O caos transmite caos, e não apenas de maneira metafórica ou psicológica... concretamente também, pois essa desordem costuma gerar perdas de tempo ao procurar tal ou qual peça de roupa, atrasos que até podem derivar em problemas no trabalho, os quais, por sua vez, originarão problemas pessoais, econômicos, preocupações, estresse... doença.

Assim age o Feng Shui, cuidando dos detalhes das grandes pautas de saúde e comportamento.

Um exemplo que alguém poderia considerar pueril é, no entanto, válido por sintetizar a idéia a ser expressa. Um homem tinha na porta de sua casa um galho de árvore que o obrigava a se abaixar cada vez que entrava. Por preguiça, o homem não cortou o galho. Com o tempo, sua postura começou a ficar curvada, pouco a pouco vieram os problemas de coluna, e não apenas isso... seus vizinhos, ao ver que o galho crescia e tomava a entrada, deixaram de visitá-lo e começaram, sem querer, a considerá-lo um homem taciturno, irascível, anti-sociável... Um galho, um simples galho não podado a tempo...

O *chi* é vitalidade, está em cada coisa e de seu equilíbrio depende a boa saúde da casa, e dela, a boa saúde, o conforto e a vitalidade de seus moradores. Por isso um *chi* equilibrado é crucial. Mas não se deve perder de vista que esse equilíbrio não é estático, e sim dinâmico, um equilíbrio como o da bicicleta, em constante movimento, em constante correção.

Outro antigo provérbio chinês diz: "Se queres que

aconteçam mudanças em tua vida, mova 27 coisas em tua casa". Tudo muda. Talvez a única coisa persistente no nosso universo físico seja a mudança. O crescimento e o movimento produzem mudanças e são sinais do *chi* vital.

Um entorno fixo, atrasado no tempo, pode impedir ou retardar a evolução de uma pessoa, e fazer que ela fique presa a velhas pautas de conduta. Por isso é tão natural, e no entanto inexplicável, que na volta de uma viagem experimentemos nítidos desejos de fazer mudanças na casa, mudar de lugar móveis, quadros, cortinas, cores...

O Feng Shui ensina a realizar essas mudanças, mas mantendo o *chi* equilibrado. Um equilíbrio que depende de harmonia dos elementos Ying e Yang, que todo lugar e toda coisa possuem.

O Yin e o Yang, o equilíbrio

A ciência médica entende a doença como o desequilíbrio da saúde. O *equilíbrio* é a base da saúde, da beleza e da harmonia. Segundo a cultura chinesa, as batidas do coração, a respiração, o sono e a vigília, o dia e a noite, as marés altas e as marés baixas, o homem e a mulher, tudo são manifestações do Yin e do Yang, da eterna alternância e do equilíbrio dos opostos que torna a vida possível.

Desde a Antigüidade, o Yin foi associado ao feminino, escuro, suave, úmido, posterior; geralmente com a terra e com a lua. O Yang, ao contrário, representa o masculino, o luminoso, o forte, frontal, duro, seco, o céu e o sol, por exemplo. O ponto exato está em encontrar o equilíbrio entre ambos.

Muitas vezes, a arquitetura moderna, em sua busca de originalidade e espetaculosidade, pode cair em uma falta de equilíbrio Yin e Yang que secreta e sub-repticiamente quebra a harmonia que se procurava...

A sintética tabela a seguir permitirá estabelecer melhor as diferentes manifestações do Yin e do Yang na casa.

Yin	Yang
Cores escuras e frias. Mobiliário de linhas curvas, sem ângulos marcados. Iluminação indireta, tênue. Assentos baixos, ex.: *pufes.* Ambiente silencioso. Revestimentos fofos, ex.: tapete. Amplos espaços vazios, minimalismo.	Cores claras e mornas. Mobiliário de linhas retas e ângulos marcados. Iluminação direta, intensa. Assentos com respaldo alto. Música, burburinho. Revestimentos duros: ex: mosaicos. Sensação de amontoamento, excesso de ornamentação.

Claro que esse equilíbrio, essa harmonia do *chi* conseguida sobre a base de uma correta conjunção de elementos Yin e Yang não se reduz a uma simples eqüidade quantitativa de tais elementos. Não é tão simples.

Existem ambientes da casa que se favorecem com um predomínio de elementos Yin, enquanto há outros que se relacionam melhor com as características Yang e, por último, existem alguns que requerem um equilíbrio Yin-Yang. Um quarto, por exemplo, será melhor com um predomínio Yin, e com a cozinha acontece o contrário, que precisa de mais elementos Yang.

As casas com elementos Yang demais são como esses guarda-roupas abarrotados de coisas que caem sobre nós quando abrimos suas portas, e que assim nos conectam com o que sobra, com o que importuna, com o excessivo e com o incontrolável, por exemplo, com o sobrepeso, que sempre nos angustia.

Ao contrário, o excesso de elementos Yin transmite uma sensação de desamparo, de solidão, de carências que, imediatamente, se relacionam com as próprias carências, sejam de amor, de dinheiro, de saúde ou de trabalho...

A partir do Feng Shui, são estabelecidos os elementos de acordo com seus ambientes:

Predomínio Yin	Equilíbrio Yin-Yang	Predomínio Yang
Quartos Banheiros	Estúdios Salas de estar Salas de jantar	Hall Cozinhas *Play-rooms*

O estímulo positivo que significa um lugar harmonioso, vital e equilibrado é o que se costuma chamar de beleza, bem-estar, autêntico conforto; essas coisas que a alma sente para além do que a mente explica e que tanto têm a ver com o desenvolvimento da vida, da saúde da pessoa, de sua criatividade e, por conseguinte, de sua evolução.

Esse equilíbrio não depende apenas das manifestações Yin e Yang, depende também dos cinco elementos que compõem, por sua vez, esses elementos.

Os cinco elementos

O Feng Shui parte da base de que tudo, incluindo os seres humanos, é composto por cinco elementos essenciais: madeira, terra, fogo, água e metal... e apenas quando esses elementos estão presentes de forma equilibrada é possível conseguir o verdadeiro bem-estar, o correto fluido do *chi*, o exato equilíbrio do Yin e do Yang.

Os chineses entendem que tudo no universo tem uma correspondência com esses cinco elementos da natureza. Cada um deles representa as cinco formas distintas em que o *chi* se manifesta. Para o Feng Shui sua importância está em como esses cinco elementos se relacionam entre si e as conseqüências que tais relações geram ou desencadeiam.

Para equilibrar em um ambiente a presença e a justa combinação desses cinco elementos, o Feng Shui recomenda três passos básicos:

1- Identificar os elementos do entorno.

2- Avaliar a necessidade de efetuar modificações na relação ou presença desses elementos.

3- Possibilidades concretas de equilibrar a presença desses elementos, sem romper o equilíbrio Yin-Yang.

A partir dessas premissas, é possível decodificar o ambiente segundo seus elementos e depois ver quais são as necessidades e possibilidades que existem para equilibrá-lo.

Então é muito importante levar em conta que cada um dos cinco elementos tem correspondência com uma variada gama de fatores (cores, formas, aromas e texturas) que, em seu conjunto, compõem uma linguagem que nos permite entender a casa, sua alma, seu ser e sua conduta.

Nessa correspondência, primeiro, estão os elementos em si mesmos: a terra, a madeira, o metal, a água, o fogo... Mas claro, também há o fogo na figura de um animal e nos eletrodomésticos, assim como há metal nas pedras, e água nos espelhos, ou terra no quadrado de uma mesa...

Aqui temos algumas correspondências concretas que é bom levar em conta:

MADEIRA

- Cores verdes e azuis.
- Obras que representam jardins, parques, plantas e flores.
- Todas as plantas e as flores, naturais ou não.
- Pisos de madeira.
- Tapeçaria e cortinas com motivos florais.
- Uma coluna.
- Qualquer coisa com listras.

FOGO

- Toda a gama do vermelho.
- Animais domésticos. Quadros, estampas ou esculturas com animais.
- Todo tipo de iluminação.
- Peles, ossos, plumas, pêlos.
- Obras que representam o sol, a luz ou o fogo.

TERRA

- Cerâmica ou louça.
- Tijolo e telha.
- Toda a gama do marrom e do amarelo.
- Formas quadradas e retangulares.

METAL

- Todos os metais.
- Todas as pedras. Mármore, quartzo, granito, laje...
- Cristais naturais.
- Cores pastel e as gamas do branco.
- Formas circulares.

ÁGUA

- Superfícies refratárias, como cristal lapidado, vidro e espelhos.
- Formas assimétricas.
- Cores escuras, azul-marinho e negras.

Também existe a possibilidade de estabelecer os cinco elementos em um só conjunto. Um aquário costuma ser o melhor exemplo de como eles podem se reunir e combinar. A água e seus vidros representam o elemento água. As plantas, o elemento madeira; a areia do fundo e das pedras, o elemento metal; a luz elétrica que o ilumina e, logicamente, seus peixes – animais vivos – manifestam o elemento fogo. Assim podem e devem ser combinados, mantendo neles, por sua vez, o equilíbrio Yin-Yang que se desprende de cada objeto e seu desenho, suas cores, suas texturas e formas...

Para combinar melhor os elementos, é fundamental levar em conta como os cinco se relacionam naturalmente.

Com esse objetivo, os chineses diferenciam dois ciclos básicos de relação entre os elementos: o ciclo de produção ou criação, e o ciclo de controle ou destruição.

Ciclo de produção:
A madeira arde e cria o fogo.
O fogo se extingue e gera a terra.
A terra permite obter o metal.
O metal se liqüidifica e gera água.
A água alimenta a terra e gera mais madeira.

Ciclo de Controle:
O metal corta a madeira.
A madeira absorve a terra.
A terra absorve a água.
A água apaga o fogo.
O fogo funde o metal.

Quanto mais bem conduzidos os ciclos de construção e controle dos elementos, melhor a combinação e o equilíbrio entre eles e, portanto, as formas e recursos para restabelecer ou ativar o *chi* da casa.

Assim, a sábia combinação dos cinco elementos da natureza e suas manifestações Yin e Yang favorecem o fluido do *chi* em uma moradia, otimizando o equilíbrio pessoal e a saúde de seus moradores.

A DIMENSÃO DO DETALHE

De acordo com o Feng Shui, "a batida das asas de uma borboleta pode desatar uma tormenta no outro lado do mundo". Nada na natureza existe de maneira autônoma. E assim tampouco na casa.

Cada coisa, cada objeto, cada móvel, cada utilitário contém uma história, exerce uma influência, cria uma experiência, nos modifica... Por isso, pequenas mudanças podem gerar grandes mutações. A dimensão do Feng Shui é a dimensão do pequeno detalhe, do inadvertido, do sutil.

O Feng Shui estuda os efeitos de tudo quanto nos rodeia: ruas, montanhas, edifícios, torres; e também os elementos da construção e da decoração, a distribuição dos quartos, dos salões, a localização da cozinha, da cama, de uma mesa, um escritório, um enfeite... Até o último detalhe.

A tendência atual na arquitetura aponta no sentido de pensar o Feng Shui como uma *gramática do espaço*: uma estrutura flexível sobre a qual cada um possa expressar sua própria individualidade e suas próprias preferências.

Em muitos aspectos pode-se comparar o Feng Shui com a acupuntura. O acupunturista procura aquelas regiões do corpo nas quais a energia se encontra estancada, acelerada ou interrompida, e depois trata de corrigir o problema aplicando agulhas para aumentar ou diminuir o fluxo de energia em tais zonas. O especialista em Feng Shui faz algo parecido, em uma casa, detectando os lugares onde se estanca ou acelera a corrente universal *chi* e corrigindo esses pontos para normalizar seu fluido.

As portas de uma casa, por exemplo, no Feng Shui, são consideradas verdadeiras entradas (bocas) de energia. Quando entramos em um quarto, nos sentiremos de maneira diferente, de acordo com a disposição energética ambiental. Saibamos ou não. Se cada vez que entramos em um quarto a porta soa de maneira desagradável, por exemplo, esse som, repetido várias vezes, termina por exasperar todos os que convivem na casa e provocar um estado de estresse generalizado.

Parece muito simples, mas as melhorias obtidas com mudanças mínimas podem ser extraordinárias. De acordo com o Feng Shui, a entrada em qualquer âmbito deve ser uma experiência agradável. Muitas vezes algumas plantas, a iluminação adequada e um simples movimento de móveis conseguem o efeito necessário.

Também o tamanho dos móveis pode não ser proporcional ao tamanho do ambiente onde se encontram. Um sofá enorme em uma sala pequena rouba energia do lugar; duas cadeiras pequenas, solitárias, em um local grande, inspiram um sentimento de desproteção e desorientação que apequena a personalidade.

Para a antiga filosofia chinesa, "as coisas importantes" abrangem "todas" as coisas da vida: a pessoa e o universo, a alma e a matéria, o mundo concreto e o mundo do espírito. Tudo é de suma importância para o Feng Shui, dado que cada coisa é "uma letra" necessária do livro do tempo, uma peça fundamental na dinâmica do universo.

Segundo os chineses, o que chamamos "destino ou sorte" pode ser previsto e modificado.

O Feng Shui acredita nisso e o pratica.

RAZÕES MILENARES

Desenvolvidos a partir da pura observação, os princípios do Feng Shui indicam que, na hora de escolher o lugar correto para uma moradia, devem ser levados em conta os ciclos naturais de seu entorno, a orientação magnética, os ventos dominantes e as características geográficas do lugar. Com especial atenção às formas sugeridas por montanhas, pela ausência de água, pela vegetação e a fauna do lugar.

A partir desses cuidados, o Feng Shui pode agir proporcionando saúde e vitalidade à moradia e a seus moradores.

Qualquer bom mestre de Feng Shui sabe quanto o entorno próximo pode influir no equilíbrio psíquico e físico de seus habitantes.

As primeiras manifestações somáticas que costumam alertar sobre uma moradia não-sadia são as alterações do sono, a dificuldade para se levantar pela manhã, uma sensação de maior cansaço depois do suposto descanso, tonturas matinais e outros mal-estares típicos, como as reações alérgicas, o esgotamento crônico e as persistentes dores de cabeça e nas costas.

Nesse sentido, a correta localização da cama - ou dos lugares de permanência - é crucial porque permite recuperar a saúde e a vitalidade. Um espaço equilibrado gera bem-estar interior. O equilíbrio espacial é conseguido por meio de sua simetria, suas proporções, sua forma, sua luz, sua cor e sua distribuição. O espaço que convida a permanecer nele favorece a harmonia interior das pessoas que o freqüentam, potencializando assim o desenvolvimento pessoal e esclarecendo seus objetivos.

Espaço e personalidade estão relacionados. Trata-se de identificar e substituir os elementos decorativos que agem como freio por outros que, ao contrário, estimulam a consecução de nossos objetivos. Também os produtos à venda em espaços comerciais, ou os produtos imobiliários à venda podem ser potencializados com a aplicação do Feng Shui. A correta localização, o bom uso da cor e das formas e a compensação de fatores ambientais incidentes facilitam a dinâmica do comércio. Isso é um fato.

Existem soluções para todos os casos; trata-se de conseguir o efeito desejado com a mínima intervenção e respeitando sempre as nossas características pessoais e as do lugar.

Um florista tinha sua loja escondida no fundo de uma galeria. As pessoas nunca chegavam até lá e, logicamente, o negócio ia de mal a pior, arrastando em sua decadência a saúde de seu dono. Um dia, um especialista em Feng Shui lhe sugeriu equilibrar os cinco elementos pintando uma grinalda de flores ao longo de uma parede que vinha do centro da galeria até a loja. Depois bastou pendurar um móbile com motivos de pássaros na porta da loja. A terra, a água, o metal, o fogo e a madeira ficaram equilibrados. As pessoas, guiadas pela grinalda, suas cores e sua forma, e atraídas pelos pássaros do móbile da porta, começaram a chegar na loja, a entrar e a comprar. O negócio prosperou e seu dono recuperou toda a vitalidade. Um pequeno detalhe como as batidas das asas de uma borboleta e, no entanto...

Hoje, agora, aqui

Claro que nossas cidades modernas e o ritmo da vida atual não têm nada a ver com as diáfanas paisagens onde se originou o Feng Shui, nem com aqueles homens para quem sobrava tempo para contemplar as estrelas, observar os ventos, o curso dos rios... No entanto, por estar sempre em permanente evolução de acordo com as mudanças que enfrenta, o Feng Shui, com sua mensagem de calma e harmonia, não apenas mantém sua vigência, mas ganha espaço e transcende fronteiras no ruidoso mundo de hoje.

A chave é que se trata de uma arte, mas também de uma ciência, com capacidade de diagnóstico, fórmulas matemáticas e terminologia especializada. Seus objetivos abrangem tanto o plano espiritual como o material. Ali onde atua, o Feng Shui procura gerar relações harmoniosas, favorecer a saúde, atrair a abundância e a prosperidade. Arte ou ciência, o Feng Shui é um sistema de vida que se concentra na prática. E, como a própria vida, é uma aventura. Uma aventura baseada na certeza íntima de que não há progresso verdadeiro se mantemos a falsa divisão entre o plano material e o espiritual.

A questão é, hoje, como aplicar o Feng Shui a nossa vida diária, a nossa realidade moderna de escritórios populosos ou espaços estreitos, rodeados de edifícios e vias expressas, de grandes avenidas ou em pleno centro da grande cidade.

Aqui o Feng Shui recomenda trabalhar com a energia das oito direções cardeais, re-localizar o mobiliário, modificar cores, materiais e texturas, até conseguir um bom fluxo do *chi.*

A energia *chi* se transforma constantemente através do tempo, dos espaços, dos ambientes; portanto, em um aspecto prático e realista, o Feng Shui pode nos ajudar a projetar espaços e ambientes agradáveis baseados em padrões da natureza, como indica a teoria Yin-Yang e dos cinco elementos.

A partir dessas técnicas podem ser operadas grandes modificações na residência e, por conseguinte, em seus moradores. Afinal de contas, nós, seres humanos, funcionamos a partir de nossas percepções, dos estímulos externos que recebemos. Não nos deve surpreender, então, que uma mudança de cor, de mobiliário, um detalhe, produza em nós sensações diferentes, novas, inconscientes mas concretas.

E isso vale tanto para a residência como para o comércio ou o escritório. Porque em todos os lugares somos suscetíveis aos estímulos. Às vezes, a razão de muitos negócios que no início vão bem mas depois pioram, costuma estar em novas construções feitas nos arredores, ou em mudanças impensadas dentro do próprio local, mudanças originadas por uma necessidade de espaço, mas sem nenhum cuidado pelos princípios do Feng Shui... alterando assim toda a energia do lugar.

Costuma-se dizer que para um negócio, uma fábrica ou uma loja aberta ao público são primordiais a estratégia, a qualidade e o serviço. Sem dúvida. Mas muitas vezes ignora-se que, se essas instalações não estão de acordo com os bons princípios do Feng Shui, haverá dificuldades na hora de competir com as empresas do setor, problemas com os clientes, mais despesas que receitas, dificuldades com a produção e seu ritmo, e até conflitos com os empregados... De nada vale o muito esforço de seus donos, porque é a energia *chi* que não flui corretamente.

O dono de uma oficina mecânica tinha como cliente um especialista em Feng Shui. Este, em uma de suas visitas, sugeriu ao dono da oficina que virasse sua escrivaninha noventa graus. O homem fez isso. Um mês depois, o cliente especialista em Feng Shui voltou à oficina e o dono lhe agradeceu calorosamente pelo conselho. Somente então confessou que seu negócio ia mal, e que estava a ponto de quebrar. O homem, evidentemente, não sabia nada de Feng Shui, mas em seu desespero estava decidido a tentar de tudo. Mudou a posição da escrivaninha e apenas dois dias mais tarde um antigo cliente apareceu para lhe pagar uma dívida que ele acreditava esquecida... e pouco a pouco o negócio se recuperou. Aquela escrivaninha, em sua antiga posição, obstaculizava a visão e a passagem do visitante que, assim, inconscientemente, era espantado. Um detalhe, mas...

O edifício em sua totalidade, o lugar de trabalho em particular, são igualmente importantes para o Feng Shui. Os escritórios divididos por painéis baixos, cujas escrivaninhas dão as costas para os corredores de circulação, são pouco auspiciosos segundo o Feng Shui. Um bom lugar de trabalho deve estar protegido por trás e nos dois lados do trabalhador e aberto na frente.

No Feng Shui, esses quatro lados recebem nomes específicos. O lado da direita é o Lado Tigre, o de trás o Lado Tartaruga, o Lado Dragão é o da esquerda, e o lado Fênix, em frente. Quando o Lado Fênix se encontra desimpedido e permite uma boa visão do entorno, a energia flui de uma maneira mais natural. Essas denominações podem soar estranhas ao ouvido ocidental; no entanto, estudos recentes da Buffalo Organization for Social and Technological Change demonstram que os antigos chineses estavam surpreendentemente certos. De acordo com tais pesquisas, o número e a altura dos painéis que rodeiam um trabalhador é um dos três fatores mais importantes que influem sobre o rendimento de cada empregado em seu local de trabalho e também sobre a comunicação entre eles.

A configuração ideal é conseguida com três painéis altos: um por trás e dois nos lados... uma perfeita analogia do Tigre, do Dragão e da Tartaruga.

Por outro lado, o homem e a mulher de hoje passam longas e muitas horas em seu local de trabalho, em sua mesa pessoal. De acordo com o Feng Shui, a localização dessa mesa é vital para nosso desenvolvimento laboral. Se no âmbito de trabalho existem também outras pessoas a quem são dadas as costas, a sensação será de insegurança, o temor de que permanentemente estamos sendo observados sem nos darmos conta, um sentimento de exclusão nada bom... Às vezes, basta modificar a posição da escrivaninha. Quando isso não é possível, um pequeno espelho retrovisor dissimulado entre plantas pode resolver o problema. Os especialistas também aconselham a não colocar a escrivaninha diretamente para a janela, pois a paisagem que dali se vê pode dispersar a atenção e dificultar a concentração. Tampouco é bom colocá-la embaixo de um teto angular ou muito baixo, próximo à cabeça. De acordo com o Feng Shui, é necessário ter "espaço sobre nós para poder pensar melhor". É preciso sempre estar atento à *dimensão do detalhe* que o Feng Shui postula.

Em São Francisco, onde o uso do Feng Shui é comum, dada a grande comunidade chinesa que reside lá, um empregado foi aconselhado a mudar sua escrivaninha de lugar. A escrivaninha estava em frente à fotocopiadora do escritório. Depois de transferi-la, o empregado sentiu uma melhora em sua saúde, pararam as dores de cabeça, e seu rendimento cresceu. Puro Feng Shui, simples senso comum. O desfile constante de pessoas que usavam a fotocopiadora levava até sua escrivaninha as queixas e os pesares de todos os companheiros que, enquanto esperavam sua vez, falavam com ele, distraíam-no e o importunavam...

São muitas as provas da eficácia que o Feng Shui deu ao longo dos séculos, e não apenas no Oriente.

Depois do famoso terremoto de Taiwan, foram reconstruídos lá muitos colégios e institutos de acordo com os princípios do Feng Shui. Com isso, houve pronunciada diminuição do absentismo, de conflitos entre professores e alunos e dos problemas de saúde em geral.

As torres Petronas de Singapura foram construídas segundo os princípios do Feng Shui. Por isso a forma de sua base se ajusta a uma estrela de oito pontas.

O estúdio Norman Foster viu-se obrigado a modificar seu projeto para o Banco de Hong Kong e Xangai (um edifício de 47 andares) seguindo, a pedido de seus donos, os princípios do Feng Shui.

Esses mesmos princípios são utilizados hoje em dia na Inglaterra e nos Estados Unidos para determinar a localização e o projeto de moradias, restaurantes, escritórios e sedes, como as da British Airways, The Trump International Tower and Hotel, The Body Shop, Gap, Elizabeth Arden e Barney´s, entre outras.

Certos projetos arquitetônicos, também na área de Nova York, foram realizados com atenção ao genuíno Feng Shui. Como exemplo, o antigo edifício da Gulf and Western Building (propriedade da General Electric) e do China Trust Bank de Flushing, no Queens.

Importantes estudos demonstram claramente a eficácia do Feng Shui em todas as áreas da construção. Cada vez mais se procura um ambiente e um projeto que favoreçam a vida laboral e seu capital humano. Claro que nem tudo se resolve nem se complica com painéis de divisão. O Feng Shui considera, como já foi dito, todos e cada um dos elementos da vida, e nesses elementos encontra tanto um obstáculo como uma ferramenta. Aí está sua arte, sua ciência.

A CASA DE AMITYVILLE:

Um dos casos mais perturbadores que a história registra é o ocorrido na região de Amityville, nos Estados Unidos, onde há várias décadas uma família foi literalmente expulsa de sua casa por entes de natureza desconhecida, e até hoje ninguém foi capaz de voltar a morar no lugar.

A casa em questão está localizada no número 112 da Ocean Avenue, em Amityville, Nova York. Lá, na madrugada de 15 de novembro de 1974, o filho mais velho da família DeFeo, de apenas 17 anos, assassinou a sangue-frio, com um rifle, seus pais e os quatro irmãos.

No início, o caso parecia não ter suspeitos. Os investigadores não percebiam nenhum indício que lhes permitisse suspeitar de alguém em concreto... Mas logo um dos detetives encontrou, no quarto do único sobrevivente, duas caixas de papelão de balas para o mesmo rifle com que foram perpetrados os assassinatos. O mais velho dos irmãos DeFeo foi condenado a 25 anos de prisão.

No entanto, a fantástica história da casa de Amityville começaria apenas em 28 de dezembro de 1974, quase um mês depois de produzidos os crimes, quando outra família – composta pelo casal George e Kathy Lutz e suas pequenas filhas – se mudou para a casa da avenida Ocean. Em razão da negra fama ganha pela casa, esta, apesar de espaçosa e muito atraente, foi colocada à venda a um preço muito baixo; os Lutz decidiram não dar atenção aos fatos ocorridos um mês antes e compraram o imóvel. Mas só puderam viver lá por 16 dias.

Desde o primeiro momento, o casal e suas duas pequenas filhas perceberam vivamente uma presença sobrenatural que se acentuava com o passar dos dias. No início, ouviam-se ruídos estranhos, depois começaram a ver manchas nas paredes e maus cheiros nos quartos sem um motivo aparente... Por fim, as portas e janelas começaram a abrir e a fechar sozinhas.

Kathy Lutz afirmaria depois que, em mais de uma ocasião, sentiu claramente que era observada por alguém e que até chegou a ver uns olhos vermelhos que a olhavam da escuridão através da janela. De repente, começou a ter pesadelos recorrentes que recriavam em sonhos os crimes acontecidos na casa, só que as vítimas eram os membros de sua própria família.

Segundo se soube depois, embora essa história nunca se confirmasse, faltou pouco para que os Lutz também cometessem atos violentos.

O certo é que, com poucos dias morando na casa, o casal Lutz se convenceu de que o lugar estava possuído por uma presença demoníaca e recorreu ao sacerdote da igreja mais próxima, que juraria publicamente que, ao tentar benzer a casa, escutou uma voz que o expulsava e o insultava claramente. De acordo com os relatos da época, quando o sacerdote entrou na casa, o ambiente se encheu de um cheiro putrefato e uma nuvem de moscas invadiu o lugar.

A visita do sacerdote marcou o dia em que os acontecimentos paranormais começaram a se intensificar, a tal ponto que os Lutz abandonaram para sempre a casa, que desde então se encontra vazia, e sobre a qual pesa o estigma já irredimível da lenda de Amityville.

A família Lutz nunca quis falar abertamente sobre o vivido naquela casa. Apenas confirmaram a história e revelaram generalidades em uma entrevista concedida à televisão norte-americana cinco anos mais tarde... Depois, apenas mistério.

Capítulo III

AS FERRAMENTAS DO FENG SHUI

Existem ao nosso redor, utilizemos ou não, uma série de ferramentas das quais o Feng Shui se vale para modificar, estabilizar e equilibrar a energia *chi.* Vale dizer: para melhorar nossa moradia, com tudo o que isso significa.

Porque não apenas o projeto e a construção definem as virtudes de uma casa. Existem muitos outros fatores que influem no resultado final de um hábitat. As cores, a iluminação, os espelhos, as estruturas aquáticas, os cristais, todas ferramentas básicas – e talvez mágicas – da arte do Feng Shui. E por isso nenhuma delas merece menos atenção que a outra.

As cores

A cor influi diretamente sobre o ânimo. De fato, a mente humana está condicionada pelas associações e pelos valores que sempre foram dados, culturalmente, a cada cor. Essas associações, no entanto, podem variar. O branco, por exemplo, que no Ocidente é associado à pureza, no Oriente representa luto. O mesmo acontece com o vermelho, que no Ocidente alerta para o perigo e no Oriente é a cor da alegria e dos bons augúrios. Assim também o preto, que no Ocidente demonstra luto, no Oriente significa riqueza...

Ainda assim, além de seus próprios valores culturais, para o Feng Shui as cores estão basicamente associadas a seus cinco elementos. De tal maneira que é possível equilibrar o *chi* de um ambiente apenas mudando as cores que predominam nele. Nada disso, por outro lado, deve contradizer o gosto pessoal. A gama de cada cor permite encontrar o tom de sua preferência. O azul vai do celeste pastel ao quase preto, passando pelo turquesa, o azul-marinho, o azul cobalto... e assim todos.

Mas, para organizá-los de alguma maneira, estes seriam os valores intrínsecos de cada cor, segundo o Feng Shui.

O vermelho: Representa o próprio fogo. Na China é considerado de bom augúrio. Culturalmente, está associado ao calor, à paixão e à energia vital. O vermelho aumenta a pressão sangüínea e estimula o apetite. Os homens costumam preferir os vermelhos alaranjados, as mulheres, os vermelhos azulados, como o púrpura e o *bordeaux*. O vermelho é associado também ao cerimonial e às ocasiões especiais, já que é uma cor que, na natureza, aparece concentrado em pequenas superfícies: o vermelho delata a flor, o fruto, ou algo em especial. O vermelho atrai a atenção, indica e alerta. É a cor que corresponde à longitude de onda mais longa, ou à freqüência mais baixa. Também por isso costuma ser associado ao instinto.

O amarelo: Na China é a cor imperial, e corresponde ao elemento terra. É a cor do sol, da luz, do dia, do otimismo, da inteligência e da clareza. Os tons mais intensos dessa cor também podem produzir ansiedade, especialmente em pessoas de idade avançada. O amarelo é sensível às mudanças de tonalidade e, em certos planos, está associado à degradação ou à doença. Por exemplo: a "febre amarela", ou a "imprensa amarela".

O branco: Corresponde ao elemento metal e é a soma de todas as cores. O branco reflete tudo e não esconde nada. Irradia pureza e limpeza, embora em certos lugares, ou em certos objetos, possa gerar uma sensação de vazio e frieza. O excesso de branco tende a cansar a vista; no entanto, a superfície branca age como uma tela sobre a qual nossos pensamentos conseguem ser projetados. Assim, o branco bem pode estimular a atividade intelectual e disparar a imaginação nos trabalhos criativos.

O azul: Na China é associado à imortalidade. É a cor do elemento água. No Ocidente, o azul é a cor mais difundida na vestimenta. Apresenta-se em grandes extensões na natureza: o céu e os mares, frente aos quais costumamos adotar uma atitude contemplativa, reflexiva. É uma cor que acalma: diminui as pulsações, diminui a pressão sangüínea, diminui o apetite... Conduz à introspecção e à passividade.

O verde: a cor do elemento madeira, da vida vegetal e da primavera. Evoca crescimento, expansão, tranqüilidade, saúde e rejuvenescimento.

É muito calmante para a vista, embora não possua o efeito relaxante do azul. Assim como o amarelo, sofre com algumas associações pouco felizes, como a imaturidade, a inveja e a instabilidade.

De acordo com a região ou o ambiente da casa de que se trate, predomina uma cor ou outra. A parte correspondente à riqueza, por exemplo, convém que seja de uma intensa cor lavanda, azul ou vermelho, ou tons pastel de ambas as cores... A parte correspondente ao amor e ao casal será favorecida por vermelhos-claros, rosas ou brancos. O hábitat profissional é melhor em cores escuras ou negras, já que permite uma fluida circulação do *chi*. Já a região da saúde e da família receberá melhor os efeitos dos azuis e dos verdes. No centro social da moradia, é preferível que predominem os amarelos e as cores terrosas.

Com seu poder sobre o ânimo das pessoas, uma boa combinação de cores é uma das chaves do Feng Shui. Isso sem esquecer que toda cor estará sempre sujeita à luz que recebe e reflete.

A LUZ

A iluminação é, em si mesma, projeto, arquitetura, cor e forma.

O nível de iluminação é decisivo na hora de harmonizar um ambiente. Para isso é fundamental haver luzes claras e brilhantes – similares à luz solar – nos lugares como cozinha ou onde trabalhamos ou lemos. Luzes mais suaves e discretas nos lugares onde se desenvolve a vida social, e luzes mais íntimas no quarto. Esses seriam, em grandes traços, os preceitos de uma correta iluminação.

Para o Feng Shui, o conceito de iluminação inclui desde a luz elétrica (incandescente ou alógena) até as lâmpadas de óleo, as velas e – claro – a luz do sol.

A luz é um meio rápido e eficiente para atrair ou equilibrar o *chi* de um lugar, e lhe dá claridade e calor. Muitas vezes, é possível aumentar ou modificar um espaço a partir lançando sobre ele algumas luzes diretas e potentes.

Também neste ponto devem primar o gosto e as sensações pessoais. Para isso nada melhor que perceber como a iluminação afeta nosso ânimo e, depois, a partir da intuição, modificar a intensidade luminosa e até a cor dos focos. O Feng Shui provém da natureza, e quando nos harmonizamos com o ambiente, atentos ao que nossa natureza aponta, é possível obter resultados muito efetivos.

É bom recordar que a poderosa influência da luz nos neurotransmissores cerebrais modifica a atenção, o humor e o comportamento, altera a saúde humana e afeta o rendimento no trabalho. Por isso, no inverno ou no outono, devido à escassez de luz natural, observa-se um incremento da depressão e das crises de ansiedade. Esse é um sintoma conhecido com o nome de Transtorno Afetivo Estacional.

No inverno, a maioria das pessoas tende a usar roupas de cores escuras, a comer em excesso e a se recolher cada vez mais. Tendo em conta que normalmente passamos até 80% do tempo em ambientes fechados, durante o inverno, devido ao frio e à escassez de luz, o encerramento é quase total, e isso pode aumentar ou disparar a depressão.

A esse quadro costuma-se acrescentar a pobre iluminação tão habitual em lares, escolas e escritórios, onde escassos 300 ou 500 lux de intensidade pretendem competir com os 10 mil lux que a luz natural oferece em um dia nublado... ou os 150 mil lux de um meio-dia radiante.

A luz artificial não contém as cores do sol. As lâmpadas incandescentes emitem uma luz morna, predominando o laranja-vermelho, com ausência quase total de tons de alta freqüência: verde, azul e violeta. Além do mais, a iluminação incandescente desperdiça 80% da energia elétrica em forma de calor inútil. Ao contrário, as lâmpadas fluorescentes correntes, embora dêem uma luz fria com um verde-azulado dominante, são deficientes em violetas e vermelhos. Os reatores comuns piscam a 50 hertz e geram uma contaminação eletromagnética (*elektrosmog*), que induz às ondas cerebrais de estresse, além de fadiga crônica e cansaço visual.

A investigação em fotobiologia demonstra que uma falta

crônica de luz pode provocar depressão – como o Transtorno Afetivo Estacional –, além de insônia, estresse, ansiedade, cefaléias, tonturas, fadiga crônica, raquitismo, até mesmo inapetência sexual, levando à impotência ou à esterilidade.

É sabido que a luz condiciona a acuidade visual e a percepção das cores. Hoje, a ciência permite afirmar que a luz é biodinâmica, pois afeta o sistema endócrino e todos os sistemas biológicos. A ausência de luz solar influi negativamente sobre o estado de ânimo, afetando a capacidade do cérebro para o manejo da informação. Por tudo isso, a qualidade da iluminação artificial é tão significativa para a saúde humana quanto para a segurança e o rendimento no trabalho.

O ciclo circadiano da luz (noite-dia) produz o estímulo dos neurotransmissores cerebrais. A luz diurna ativa e estimula. Na ausência desse estímulo luminoso, aumenta a melatonina (o hormônio do sono). Assim, a falta de um ritmo luminoso adequado pode causar sonolência matinal e/ou insônia de noite. Essas patologias são de maior gravidade no outono e no inverno, quando o ciclo de luz se encurta e nós nos enclausuramos mais.

Uma luz brilhante, a partir de uma intensidade de 800 a 1.000 lux, nos diz que já é dia. Ela desperta o ânimo sem necessidade de café nem de cigarro, e proporciona serotonina ao cérebro, o hormônio da atividade e do bom humor. Isso acontece naturalmente ao olharmos o sol, mas, em ambientes fechados, a iluminação é biologicamente insuficiente, nosso cérebro continua passivo, e isso nos induz ao pessimismo, ao cansaço e ao sono.

Além da quantidade de luz, também nos afeta, no nível neurofisiológico, a cor dessa luz. É evidente que as cores alegres e intensas motivam de maneira positiva, levantando nosso ânimo. O abuso do branco em interiores ou o predomínio de cores sérias e tristes, como o cinza ou o bege em um vestuário, produzem sintomas de conduta depressiva.

Pesquisas de mercado em *marketing* e publicidade demonstraram até que ponto a cor da luz e dos objetos afeta nossos reflexos, a tomada de decisões e os estados de ânimo. Para efeito terapêutico, a iluminação e a cor de nosso entorno arquitetônico são os fatores mais influentes, pois o colorido de tetos e paredes, assim como do mobiliário, permanece por muitos anos incidindo sobre nós.

O uso correto da cor e da iluminação pode aumentar em até 85% a energia pessoal, multiplicando seus efeitos pela quantidade de pessoas que moram ou trabalham nesse lugar. Luz e cor, manejadas de acordo com um bom Feng Shui, podem conseguir um ambiente social ou familiar saudável, tanto no plano espiritual, como no físico e o psíquico.

Os objetos naturais

Minerais, pinhos, pedras, flores secas, madeira, caracóis, todos aqueles objetos da natureza que não precisam ser mantidos ativamente costumam ser excelentes ferramentas para conseguir um bom Feng Shui. Mais ainda quando dotados de algum valor pessoal ou sentimental. Eles então podem se converter em poderosos elementos de harmonização do *chi*, ou seja, de nosso bem-estar.

Um caracol recolhido em uma praia onde passamos alguns dias de sonho, uma pedra que trouxemos daquela montanha onde vivemos tantas horas felizes, uma madeira extraída de uma floresta onde alcançamos um instante de plenitude... todos são objetos naturais que simbolizam algo positivo, cuja força se manifesta apenas com sua presença sobre nosso ânimo, e o elevam, potencializam e curam.

Na China, ainda hoje, certas pedras selecionadas por seu

tamanho, cor e desenho têm um valor comercial igual ou maior do que o de certas esculturas ou peças de arte. Isso por serem consideradas grandes depósitos de energia natural *chi.*

Quando galhos, pinhos, flores secas ou pedras adotam uma forma harmoniosa, eles estimulam a imaginação e ativam nossa criatividade, gerando instantes de verdadeiro e íntimo prazer.

Todos os elementos naturais têm diversas faces e perspectivas, precisamos apenas encontrar neles seus melhores perfis e características ou o lugar adequado onde colocá-los. Assim como uma moldura enaltece uma pintura ou um engaste, uma jóia, trata-se apenas de seguir os instintos guiados pelo senso de beleza e de busca do bem-estar pessoal.

Assim como a bússola procura seu norte.

Os espelhos

Os espelhos, dentro do Feng Shui, são considerados uma verdadeira panacéia capaz de curar diferentes males. Para começar, resolvem problemas de sensação espacial, ampliando um pequeno ambiente enquanto o refletem e multiplicam.

Colocados estrategicamente, também são capazes de acrescentar luz natural a um lugar escuro, descobrir entradas, reviver paredes desaparecidas e duplicar janelas e panoramas. Também podem refletir a luz e a paisagem exterior dentro de um local que, de outra maneira, pareceria apagado e murcho.

Os espelhos realçam, ativam e fazem fluir o *chi*, e por isso são conhecidos como “as aspirinas do Feng Shui”.

Freqüentemente, nós os vemos em entradas de edifícios, onde dão uma amplitude ilusória. Como regra geral, para o Feng Shui o tamanho indicado do espelho é “quanto maior, melhor”. Cobrir uma parede completamente com um espelho duplica o ambiente, tornando-o mais dinâmico, vital e, portanto, mais saudável. Pequeno ou médio, todo espelho deve refletir, pelo menos, a cabeça completa da pessoa que se aproxima dele. Do contrário, se essa pessoa precisa ficar na ponta dos pés para ver seu rosto, seu *chi* se enfraquecerá sensivelmente. Pela mesma razão, são desaconselháveis os espelhos que distorcem a imagem, ou aqueles que não a refletem com absoluta clareza, devido a manchas ou deformações próprias.

A forma do espelho também influirá sobre o uso que lhe é dado ou o lugar onde for colocado. Espelhos ovais ou circulares – formas associadas com o elemento metal – podem ser propícios para as regiões da casa relacionadas com a criatividade e com os filhos... Um espelho vertical, de corpo inteiro, emoldurado em madeira, é um estímulo muito bom para a parte relacionada com a saúde e com a família.

Obviamente, como toda ferramenta, os espelhos também apresentam riscos. Colocados ao final de um corredor não fazem mais que duplicar esse corredor sem saída, proporcionando uma sensação de angústia inexplicável, mas tangível. Para isso, é preferível dispô-los em forma transversal, junto das portas que dão para o corredor e, assim, esse corredor se alargará. Colocados em frente da cama, podem incomodar os que aí dormem, provocando dificuldades para conciliar o sono e até mesmo gerando insônia... Os espelhos estimulam e atraem o *chi*, razão pela qual é possível que levem ao dormitório um excesso de energia, o que provoca desequilíbrios e prejudica o descanso. Afinal, fazendo uma comparação, aspirina em excesso também não é saudável.

Os cristais

Por princípio, os cristais dispersam o *chi* violento e ativam o preguiçoso. Por isso, o Feng Shui os utiliza para harmonizar certas regiões da casa onde o fluxo de energia apresenta alterações em seu ritmo.

O cristal lapidado característico do Feng Shui tem formas arredondadas, o que permite que o *chi* circule completamente e sem obstáculos. Os cristais são usados geralmente em lugares estreitos, onde o *chi* tende a estancar. Pendendo do teto, por exemplo, permitem o fluido da energia sem interromper a passagem. O interessante é que não é necessário que sejam grandes. Um bom cristal lapidado, do tamanho de um medalhão normal, cumprirá sua missão de agilizar o *chi* onde estiver pendurado.

Também são muito eficazes os cristais lapidados em forma octogonal, de coração ou de lágrima. Geralmente eles aparecem pendurados junto a uma janela, com o objetivo de atrair e multiplicar a luz solar. Algumas vezes, esses cristais refletem um arco-íris altamente estimulante para o *chi* de uma pessoa, pois nesse arco-íris se reúnem e se condensam todos os matizes da cor.

Os cristais lapidados estão relacionados com o elemento água, por isso são especiais para equilibrar lugares onde predomina o elemento fogo, como é o caso de janelas muito ensolaradas.

Independentemente de seu tamanho, os cristais são poderosas ferramentas para dirigir e focar o *chi*, fortalecendo qualquer região ou equilibrando problemas, inclusive, estruturais.

As fontes de som

Mensageiros do vento, chamadores, móveis sonoros, sinos tubulares são extraordinárias ferramentas do Feng Shui para equilibrar ou curar um lugar qualquer. Seus sons atraentes tão harmoniosos, naturais e imprevisíveis estimulam a imaginação e os bons sentimentos, favorecendo as regiões dedicadas à criatividade, à vida familiar e ao amor.

É fundamental, claro, que os sons emitidos por tais objetos sejam melodiosos. Gravações que reproduzem o som da natureza, de uma floresta, do oceano, do vento entre as folhas, da chuva, funcionam como fortalecedores do *chi*, apaziguam os ânimos, distendem o ambiente e elevam a consciência.

Por outro lado, a distribuição de alguns instrumentos musicais em lugares pontuais da casa também pode contribuir para "afinar" o *chi*, inspirando seus moradores.

A música sempre proporciona uma quantidade de energia adicional a qualquer lugar que se habite. Apenas é necessário sintonizá-la com o ritmo interior de cada um, obedecendo a natureza, acatando o melhor de nossos instintos, colocando o ouvido neles...

Os outros seres

Aqui já não se trata de objetos nem de ferramentas inanimadas, mas de seres vivos, como nós, capazes de um ânimo, um humor, uma série de instintos; em síntese: um comportamento próprio, nem sempre governável. Flores, plantas, animais domésticos, fauna em geral...

As plantas saudáveis e as flores frescas são poderosos portadores de *chi* positivo. De acordo com o Feng Shui, plantas e flores podem ser usadas com objetivos variados e êxito seguro em diferentes partes da casa ou do escritório.

Uma gloxínia violeta, em um vaso de cerâmica azul, pode cuidar da região relacionada com a saúde; ramos de cravos vermelhos, em um vaso vermelho, reforça tudo o que for relativo à reputação; um ciclâmen de impecável branco, em um jarro branco também imaculado, protege tudo o que concerne à criatividade e aos filhos.

Quanto à escolha das plantas que ornamentarão o interior de uma casa, o Feng Shui recomenda, primeiro, as plantas de folhas largas, arredondadas, suaves para a vista, como o jade; ou aquelas de aspecto agradável e edificante, como o fícus ou as palmas. As plantas com folhas pontiagudas, agressivas, não promovem a boa circulação do *chi*. A mandioca e o sagu são um exemplo. Suas folhas em ponta ameaçam constantemente o tato, gerando uma sensação de agressividade que torna todo o ambiente hostil.

As plantas são verdadeiros reservatórios de energia. Por meio da função clorofiliana, elas prendem os raios do sol e os convertem em alimento para si mesmas e para as demais, armazenando grandes reservas energéticas. Por esse motivo tampouco são recomendados os cactos ou as plantas com espinhos.

As plantas – em qualquer recinto, fechado ou aberto – não só embelezam e refrescam o lugar, mas também contribuem para proporcionar um fluxo adequado da energia *chi*. Muitas vezes elas oferecem soluções práticas para dividir espaços ou criar cantos agradáveis.

Um senhor de Los Angeles, que constantemente se queixava de que seus filhos pequenos não o deixavam trabalhar no computador, resolveu o problema colocando algumas plantas que, assim, isolavam seu escritório e ao mesmo tempo lhe permitiam a visão necessária para observar as crianças enquanto brincavam.

No entanto, as plantas exigem cuidados e nada pior do que ter plantas doentes dentro da casa. Elas não apenas prejudicam o ambiente esteticamente, como também roubam grande quantidade de energia *chi*, provocando sérios desequilíbrios em seu fluido. É preferível não ter plantas a tê-las doentes. É melhor substituí-las por plantas artificiais, boas imitações em seda ou em papel. Apenas sua cor e sua presença bastarão para criar uma paisagem interior harmônica, onde o *chi* flua ritmicamente. No entanto essas imitações, por melhores que sejam, nunca serão como as plantas naturais, cujo crescimento e prosperidade trazem junto a prosperidade e o crescimento de quem as possui.

Sejam naturais ou artificiais, o importante é que sejam saudáveis de aspecto, limpas e fortes. As flores e as folhas devem ser cortadas assim que comecem a murchar. Nesse sentido, também deve-se observar a vegetação natural que rodeia a casa, as árvores, plantas, trepadeiras, jardins vizinhos... , e isso repercute sobre o resultado total. Arrumar o espaço adjacente às árvores, mesmo que estejam em terreno público, atrai energia *chi* para a moradia próxima.

As plantas e as flores representam o elemento madeira, por isso são especialmente recomendadas para os espaços onde predomina o elemento terra – lembremos que a madeira absorve a terra –, como casas cujas janelas e portas, além de seu mobiliário, sejam de formas quadradas ou retangulares.

Depois estão os animais, seres que, como as plantas e as flores, sabem recompensar seus donos com altos graus de energia quando recebem bom trato, carinho e cuidados. Mesmo em idade avançada, esses animais, se amados, devolvem com acréscimo a vitalidade colocada neles. Quando não é assim, quando não recebem as atenções necessárias e merecidas, os próprios animais de companhia costumam alterar a energia *chi* circulante.

Todos os animais, como se viu, estão associados ao elemento fogo, e todos requerem amor. Desde o pequeno *hamster* ou a tartaruga, até o cachorro, o gato ou os peixes coloridos de seu aquário. Todos eles necessitam de cuidados e de carinho. Também aqueles animais que, sem pertencer à família, costumam rondar pela casa, como os pássaros. Um comedor para pássaros em seu jardim pode atrair uma força *chi* muito benéfica para a casa e seus habitantes, manifesta em sons, formas e cores...

As estruturas aquáticas

Tanto as estruturas aquáticas do interior como do exterior estimulam o bom fluxo do *chi*. As fontes e as quedas-d'água implicam em um componente visual e outro auditivo. Ambos contribuem para refrescar e agilizar o *chi*, propiciando um espaço harmônico no qual a vista e o ouvido descansam.

Essas fontes, tanto na forma como no som, devem ser ajustadas ao gosto da pessoa, já que uma fonte mal ajustada pode produzir várias alterações, por exemplo, nas vias urinárias.

As fontes e quedas-d'água são consideradas especialmente para todas aquelas regiões da casa ou do escritório associadas ao êxito profissional e à abundância, devido ao elemento água estar diretamente relacionado ao fluxo de dinheiro.

Colocados no exterior da casa são muito eficazes na hora de equilibrar o *chi*. Nesse lugar onde se fecha o muro exterior, ou nos cantos "desaparecidos", uma queda-d'água ou uma fonte podem realçar a energia e devolver ao lugar um argumento prático, ainda que seja no sentido espiritual. Portanto, para que cumpram seu objetivo, as fontes devem ter um tamanho proporcional ao lugar onde são colocadas e, se possível, deve-se orientá-las sempre de frente para a residência. Por exemplo, uma casa de duzentos metros quadrados precisará de uma fonte de um metro e meio ou dois de altura, pelo menos...

Outra vantagem das estruturas aquáticas está em que não apenas funcionam no exterior da casa. Uma fonte ou uma queda-d'água, ornamentada com plantas, rochas e objetos naturais, pode criar um excelente refúgio dentro da residência.

Uma estrutura aquática também enriquecerá a vida animal do lugar. Fontes, covas, urnas e tanques de água cristalina atrairão mais pássaros a seu jardim, e isso realçará e estimulará o fluxo de *chi*, propiciando saúde e bem-estar a seus moradores.

Os mensageiros do vento

Móbiles, cata-ventos, campainhas, moinhos, bandeirolas e estandartes, objetos coloridos, de formas variadas ou verdadeiras obras de arte, todos esses bailarinos do vento atraem e elevam o *chi*.

Além do mais, são muito eficazes na hora de completar lugares fechados, ou muito altos, tetos elevados ou lugares espaçosos... Um bom móbile pendendo de um teto alto, na região associada à riqueza, não apenas conseguirá um efeito tridimensional como também recordará a abundância e a boa sorte.

Os móbiles podem ser feitos de qualquer material (papel, madeira, latão, plástico ou cristal), e seu tamanho fica a gosto do dono, embora sempre levando em conta as proporções do lugar onde será pendurado. Se um móbile de cristal é colocado em uma região relacionada com a criatividade, ele produzirá, por simples associação, inspiração e criatividade. Já um móbile confeccionado com elementos naturais, em regiões relacionadas com a saúde, gerará pensamentos e energias relacionadas com o bem-estar e o equilíbrio que a natureza propõe. Um móbile com motivos de anjos, suspenso nas regiões onde realizamos atividades sociais, nos provocará melhores sentimentos com relação aos demais e nos lembrará afinidades e coincidências.

No exterior, os móbiles sonoros fazem circular melhor o *chi*, enquanto proporcionam agradáveis sensações para a vista e para o ouvido. Em um comércio, um móbile atrai a atenção, e isso – claro – atrai a clientela, melhorando o negócio e a prosperidade de seus donos.

Um mastro e uma bandeira podem recuperar espaços perdidos ou esquecidos do exterior da casa, revitalizando regiões tristes nas quais o *chi* costuma se estancar, desequilibrando todo o lugar. O ideal é que essa bandeira contenha um símbolo representativo de algo que se ame, seu país, seu time, seu próprio brasão... Os estandartes e molinetes suspensos em caramanchões, beirais e coretos provocam um efeito igual e conseguem, assim, realçar a energia e melhorar sua circulação geral.

A ARTE

As obras de arte, colocadas em lugares-chave, ajudam a equilibrar o fluxo do *chi* necessário para a harmonia da casa. Esculturas, pinturas, *collages*, tapeçarias, enfeites, antigüidades, o que importa é que realcem os sentimentos positivos, evoquem bons momentos e recordações, ou cenas de paz, criatividade e beleza. Para cada lugar da casa sempre há uma obra de arte pronta/preparada.

A arte romântica realçará o *chi* de um quarto, enquanto cenas mais potentes ou intensas ficarão melhor aplicadas em lugares onde se desenvolve a vida profissional ou se cultiva a reputação pessoal. As obras de arte que representam motivos cheios de serenidade se relacionam com a saúde, enquanto a arte inspiradora estimula o saber e a formação pessoal, as viagens e a relação com os demais. A arte rica em cores chamativas e fantasias estimula as regiões identificadas com os filhos e a criatividade.

Trata-se fundamentalmente de procurar obras de arte que "digam" algo, que transmitam uma mensagem, uma idéia, uma ação. Se essa obra de arte está destinada a um espaço compartilhado com outros, é necessário que ela também agrade aos demais, inspirando-lhes sentimentos positivos, serenos, criativos, reflexivos ou contemplativos.

Capítulo IV

O TESOURO DO MAPA

Sem seu princípio mais importante, nem o Feng Shui pode ser possível, nem são úteis suas ferramentas. É sua base fundamental: *o mapa Ba-guá*, uma planta ideal da casa segundo o ideal do Feng Shui.

O mapa Ba-guá tem suas origens no *I Ching, o livro das mutações*. A palavra "Ba-guá" se refere aos oito trigramas básicos, a partir dos quais está estruturado o *I Ching*. Cada um desses trigramas representa uma das posses verdadeiras da vida: a saúde, o amor, a reputação, a riqueza, o conhecimento e a cultura, os filhos e a criatividade, as pessoas serviçais e as viagens.

Um bom Feng Shui se baseia no mapa Ba-guá para traçar a planta que estabelece as diferentes regiões da residência ou do escritório e suas correspondentes relações ativas. Assim, através do mapa Ba-guá, é definida para cada região do edifício, para cada ambiente da casa, um sentido correto. Por isso, do ponto de vista do Feng Shui, a boa sorte e a saúde dos habitantes de uma casa, ou de um local de trabalho, serão favorecidos se o mapa Ba-guá do lugar for corretamente traçado.

Residências, apartamentos, escritórios, jardins, quartos e

até o mobiliário potencializam suas energias positivas quando se planifica sua distribuição de acordo com essa nobre ferramenta do Feng Shui. Os extraordinários resultados que possam ser obtidos de um mapa Ba-guá sempre serão dados pela combinação de duas forças reais: a sabedoria milenar do *I Ching* e a profunda convicção da pessoa que o opera, em sua determinação de produzir mudanças verdadeiras em sua vida. Cumprindo-se esses dois requisitos primários, as mudanças que um mapa Ba-guá pode produzir não demorarão mais que trinta dias a serem notadas. Quando isso não ocorre, ou o mapa Ba-guá não é correto, ou as intenções da pessoa que o usa não são profundas.

O MAPA DO MAPA

O mapa Ba-guá é representado por um quadrado perfeito, dividido em seu interior em nove quadrados idênticos. Sobre esse desenho-mãe deve ser estruturado o mapa Ba-guá do lugar que se pretenda sanar.

O primeiro passo para traçar ou aplicar o mapa Ba-guá consiste em determinar a forma global do edifício. Uma vez feito isso, é necessário se posicionar diante da entrada deste e, a partir daí, estabelecer sua frente, sua parte traseira e seus dois lados, esquerdo e direito. Nem sempre a casa ou o edifício respondem a um desenho quadrado, ou mesmo retangular. Em tais casos, os passos a seguir serão os seguintes.

Como entrada principal do *chi*, a porta de entrada configura um ponto-chave do mapa, mesmo que se use a porta de uma garagem ou uma entrada lateral. Essa será a frente do mapa Ba-guá.

Se o edifício tem forma de L, T, S ou U, seguramente algumas regiões ficarão fora do mapa Ba-guá ideal. Essas regiões são conhecidas como "regiões perdidas", embora também para elas o Feng Shui ofereça soluções variadas. No caso, por exemplo, das saliências da estrutura – um balcão francês, uma chaminé –, estas não farão senão realçar o Ba-guá da região que elas acompanham.

O mapa Ba-guá ideal é organizado assim.

Em frente, à esquerda – visto de frente – corresponde à região do saber e da cultura; à direita, à de pessoas serviçais e viagens, e no meio, à carreira profissional.

Atrás, à esquerda, está a região Ba-guá da riqueza e da prosperidade; à direita, a do amor e do casamento, e no meio – sempre atrás –, a da fama e da reputação.

Dos três quadrados centrais, o da esquerda corresponde à saúde e à energia, o da direita aos filhos e à criatividade, e o do centro, no coração do mapa, está a região da terra que se relaciona com todas as outras, e para a qual todas as outras confluem.

A partir dessa planta ideal, pode-se traçar o mapa Ba-guá de cada casa e também o de cada aposento ou ambiente da casa.

Riqueza e prosperidade SUN 4 madeira	Fama e reputação madeira LI 9 fogo	Relações, amor e casamento K´UM 2 terra
Energia e saúde CHEN 3 madeira	 5 Terra	Filhos e criatividade TUJI 7 metal
Conhecimento e cultura KEN 8 terra	Carreira profissional K´AN 1 água	Serviçais e viagens CH´IEN 6 metal

A CASA TODA

Além da forma global da estrutura do edifício, o mapa Baguá pode ser ajustado ao projeto, alongando-se ou estreitando-se segundo o desenho do lugar. As diferentes regiões e suas representações manterão os valores e as posições originais.

Uma vez determinada a porta de entrada do edifício, do escritório ou da casa, pode-se saber, com base no mapa Baguá, em qual região se encontra essa porta de entrada. Se está à esquerda e em frente, significa que a porta de entrada se encontra na região do saber e da cultura. Se, ao contrário, encontra-se na frente, mas do lado direito, então a entrada estará sobre a região dos serviçais e das viagens.

Uma vez estabelecida a entrada como ponto de referência, a partir dela podem ser identificadas as outras regiões Ba-guá da residência. Se a casa está estruturada em vários andares, as diferentes regiões de cada andar se encontrarão no mesmo lugar estabelecido no térreo. Se, por exemplo, a cozinha da casa está na região traseira esquerda do térreo, isto é, na região correspondente à riqueza e à prosperidade, e no andar superior, em cima da cozinha, há um dormitório, então tal dormitório também ocupará a região correspondente à riqueza e à prosperidade...

Freqüentemente, a estrutura de uma casa não responde ao mapa Ba-guá ideal. Muitas vezes, a cozinha está na parte da riqueza, o banheiro na região que corresponde à carreira profissional, ou o dormitório na relacionada com a saúde e não com o amor e o casamento. O Feng Shui, através de suas várias ferramentas, nos permite acondicionar o *chi* do lugar à região que idealmente corresponda.

Se o banheiro, por exemplo, ocupa a região do amor e do casamento, será então um bom lugar para colocar ali objetos íntimos que chamem a sensualidade e a harmonia, obras de arte, cristais, cores... Cada aposento da casa pode ser energeticamente potencializado de acordo com os preceitos do Feng Shui.

Quarto por quarto

Na hora de traçar o mapa Ba-guá de um ambiente concreto da casa, o mais aconselhável é se posicionar em frente à porta de entrada, orientando a vista para o interior do quarto. No caso de haver mais de uma porta de acesso, convém escolher aquela que seja usada com maior freqüência. Dessa forma, pode-se estabelecer qual é a frente desse quarto e, a partir dessa referência, traçar o esquema Ba-guá correspondente.

Quando a porta de entrada se encontra no centro do aposento, então essa porta ocupará a região relativa à carreira profissional. Se a porta estiver na esquerda, corresponde, então, à parte do saber e da cultura. Assim, para conhecer as outras regiões, bastará seguir o mapa.

Geralmente, a região Ba-guá de um quarto não coincide com a região Ba-guá da residência ou do edifício. Mas isso pouco importa. Cada quarto tem sua região Ba-guá independente da casa, e cada uma delas pode ser trabalhada isoladamente para ativar o *chi*. A soma das regiões Ba-guá do edifício, mais as de cada aposento da casa, conformará um conjunto de regiões variadas que não é necessário otimizar de forma completa ou imediata. Os especialistas preferem trabalhar região por região, realçando aquelas mais urgentes de acordo com seus moradores: saúde, riqueza, saber, reputação...

Agora, o mapa Ba-guá do edifício será sempre mais importante que o de cada aposento. Isso obedece à soma estrutural *chi* que o edifício contém em sua totalidade.

E é bom recordar sempre: do ponto de vista do Ba-guá, todo aposento é passível de melhoras. Inclusive aquelas regiões chamadas "ausentes" ou "perdidas" da casa.

Os espaços ausentes

São chamados "perdidas" ou "ausentes" aquelas regiões que, pela forma global do edifício, ficam fora de sua estrutura principal: cantos, partes traseiras, no meio... Espaços perdidos que são recuperáveis para o Feng Shui, sempre que o mapa Baguá e suas ferramentas sejam utilizados de forma correta.

O recurso mais direto consiste em construir um quarto ou varanda, de acordo com as dimensões do espaço perdido, para recuperar a vitalidade da região. Outra possibilidade são os revestimentos para pisos, que devolvem ao lugar uma entidade própria, realçando sua forma e presença: um tapete, algumas cerâmicas, um revestimento especial que marque esse espaço e lhe dê personalidade recuperarão a boa circulação *chi* pelo restante da residência. Esse recurso também pode ser reforçado pintando as paredes que ou colocando ali algum objeto de arte, uma escultura, um móbile ou algum tipo de estrutura aquática.

Sem mudar a forma física da casa, os espaços perdidos também podem ser recuperados colocando-se neles valas que o fechem, completando, assim, a forma da casa. Às vezes, uma lanterna de exterior, um breve jardim fechado, um mastro e sua bandeira, uma fonte ou uma estátua são recursos eficazes para devolver vida e beleza a um lugar perdido.

Muitas vezes moramos ou trabalhamos em um edifício ao qual falta uma região Ba-guá concreta. Nesses casos, existem algumas formas de agir simbolicamente para gerar a energia *chi* correspondente à zona ausente. Aqui outra vez os espelhos resolvem. Um espelho colocado na parede mais próxima desse lugar ausente pode gerar a sensação de que a casa continua e que não termina lá. Enfeitar esse espelho com plantas, cores ou outras ferramentas mencionadas no capítulo anterior acabará por dar ao lugar a personalidade necessária para realçar e fazer circular a energia de toda a casa.

Se no lugar ausente existe uma janela, pode-se recorrer, então, aos cristais lapidados, às plantas e aos móbiles, a fim de gerar um espaço que chame a atenção e inspire a harmonia onde, na realidade, não existe nada.

Pode acontecer também que a região Ba-guá ausente seja impossível de ser criada ou transferida. Diante dessa possibilidade, os especialistas recomendam reforçar a região ausente, trabalhando as regiões análogas em cada ambiente da casa, de maneira a balancear o *chi* ausente na estrutura global.

Uma mulher se queixava de que suas relações matrimoniais não iam bem. Um especialista em Feng Shui, de passagem por sua casa, descobriu que a essa residência faltava a região relacionada ao amor e ao casamento, e que, no dormitório do casal, a mulher tinha pendurado um antigo relógio que não funcionava havia anos. O especialista lhe recomendou tirar ou consertar esse relógio, a mulher fez isso e as relações com seu parceiro começaram a melhorar. O relógio parado no quarto, oferecendo constantemente uma informação falsa, provocava confusão, angústia e ansiedade a seus donos, dificultando suas relações. A dimensão do detalhe, isso é puro Feng Shui.

A casa e as coisas

Uma vez mais, utilizando a intuição e cada um dos sentidos, trata-se de captar e identificar ao seu redor todos aqueles objetos ou elementos depressores do *chi*, coisas que tragam más recordações, que pareçam agressivas à vista, adversas ao tato, hostis ao ouvido, ou cujos materiais ou cores representem o elemento equivocado. Ou seja, aqueles objetos que consomem a energia positiva e que, por isso, devem ser retirados imediatamente.

Ao contrário, os objetos amados, cheios de conotações felizes ou de boas recordações, são fortalecedores da energia, e ao colocá-los no lugar dos outros eles restabelecerão o *chi* e sua boa circulação, de acordo com o que indique o mapa Ba-guá traçado.

Vale reforçar que, sem o conhecimento prévio propiciado pelo mapa Ba-guá, é muito difícil detectar as regiões corretas e avaliar seus verdadeiros estados. Pode acontecer – acontece amiúde – que uma região em particular, por exemplo, a relacionada com a prosperidade e a riqueza, esteja localizada na garagem da casa que, geralmente, se encontra abarrotada de coisas caoticamente dispostas, afetando, portanto, a tranqüilidade e a prosperidade dos habitantes da casa.

No dormitório de um casal, por exemplo, convém colocar fotos dos dias felizes, lembranças da lua-de-mel, objetos íntimos e românticos, de maneira que o *chi* flua beneficamente. Se é enfocada a região correspondente à criatividade ou à carreira profissional, um aquário trará êxito e novas oportunidades, à base de pura imaginação e vitalidade.

Em síntese, trata-se de voltar a olhar tudo o que nos rodeia a partir dos olhos do Feng Shui e re-classificar cada objeto de acordo com o que ele nos inspira e o que significa para nós. Assim, essas coisas às quais nunca foi dada importância ganham um valor diferente e decisivo e nos indicam o que deve ser feito com elas em pró de um fluido normal da corrente *chi* que nos envolve e nos dá vida.

Os pertences pessoais podem ser uma bênção, se nos estimulam positivamente. Mas todos aqueles objetos que deprimem ou oprimem não são mais que um incômodo, um obstáculo para a energia. Muitas pessoas retêm consigo coisas inúteis, ou lhes custa separar-se de suas posses como se tivessem temor de perder com elas algo do que são. Muitas vezes, essas coisas agem como travas, âncoras que nos prendem a condutas retrógradas, ou que já não nos servem, e que impedem a mudança que tudo no universo necessita.

Está em cada um de nós manejar o mar do *chi* dentro

do qual nos movimentamos, modificá-lo ou ajustá-lo a nossos próprios ritmos, intenções e propósitos, sem esquecer que os objetos, os elementos que nos rodeiam, existem para nos servir.

O ENTORNO

Os objetos e elementos de um lar ou um escritório se convertem em poderosas reafirmações do entorno, quando enfocados pelo que significam para nós simbólica ou sentimentalmente.

Essas reafirmações do entorno geram o *chi* necessário, física ou energeticamente, para colocar em marcha as mudanças que queremos levar a cabo, conforme se trate de aumentar a riqueza, atrair o amor, melhorar a saúde ou aumentar a criatividade.

Nesse sentido, as ferramentas descritas no capítulo anterior protagonizam um papel. Mas, antes, convém memorizar ou ter em conta as tabelas e as recomendações já vistas, de maneira a poder identificar e classificar melhor cada objeto, ferramenta ou elemento. Uma vez feita a classificação, é necessário anotar os diferentes Ba-guá que se quer trabalhar e, então, entrar em ação distribuindo ou redistribuindo os objetos escolhidos, enquanto são eliminados aqueles cujas conotações negativas já foram avaliadas.

No caso de não se encontrar nada que prometa realçar a região Ba-guá que se trabalhe, uma vez mais o Feng Shui recomenda a criação: fazer com nossas próprias mãos aquilo que falta e se necessita. Desenhar, esculpir, construir, lapidar ou moldar qualquer coisa cujo *chi* nos seja estimulante. Apenas o ato de criar realçará sua própria energia, sua imaginação e vitalidade. Tudo isso dará um *chi* ainda melhor ao objeto de seus esforços. Um círculo de corrente positiva que assim se auto-alimenta e cresce.

Se o que se procura é trabalhar alguma região Ba-guá da empresa ou do escritório, podem ser utilizados os mesmos recursos que na casa, embora atenuados ou adequados ao entorno do trabalho. Um quadro, um objeto, uma planta, um espelho são coisas que vemos normalmente nos locais de trabalho. Às vezes esses objetos estão organizados de acordo com os princípios do Feng Shui e outras vezes não, entorpecendo assim a corrente energética da casa. Uma redistribuição desses objetos, de acordo com um bom mapa Ba-guá, pode modificar sensivelmente a vitalidade de toda a residência.

O ÚLTIMO CANTINHO

De acordo com o Ba-guá, todos os lugares da casa têm sua importância e, mesmo esquecidos ou relegados, eles não deixarão de influir sobre o resto da residência. Porões, desvãos, sótãos, *closets*, garagens, despensas e armários fazem parte da casa tanto quanto as regiões mais ativas e freqüentadas.

Um lugar abandonado, onde tudo se amontoa caoticamente, acaba transmitindo caos a toda a casa, sendo seus habitantes os que, no fim das contas, se desequilibram. Se a isso se acrescenta o fato de esse lugar se encontrar em uma das regiões Ba-guá mais delicadas, então o dano se multiplicará. A ordem a impor, portanto, deverá se basear no *chi* que emana de cada objeto, e a partir daí, retê-lo ou jogá-lo fora.

De tempos em tempos, convém parar para pensar nos lugares esquecidos da casa, aqueles onde se amontoam anarquicamente objetos ou trastes em desuso e que, por serem esquecidos, mais e mais desordenadamente se acumulam. Isso ocorre sobretudo nos porões, nos sótãos e desvãos, lavanderias, quartos de ferramentas e dispensas... Esses lugares que são menos usados podem atuar para além de nós, revolucionando o *chi* de toda a residência.

Os especialistas em Feng Shui dizem que as duas perguntas básicas que devem ser feitas diante de cada objeto, na hora de colocar em ordem, são: "De verdade eu necessito disso?", e depois: "De verdade quero isso?". Se as duas respostas forem afirmativas, o objeto deve continuar sua existência na nova ordem. Se alguma das duas respostas for negativa... é hora de se desfazer dele.

Esse exercício, aparentemente inócuo, está diretamente ligado à limpeza do próprio *chi*. Do lar e da pessoa. Isso vale para todos os espaços destinados a guardar coisas que são pouco ou nunca usadas. Desde um galpão para tratores até uma pequena caixa de jóias. Lá onde haja desordem, a energia se desorganiza e o *chi* não flui corretamente. Ao guardar os pertences que realmente queremos e são necessários, enquanto dispensamos os outros, o que fazemos é exalar o *chi* velho e renová-lo por um *chi* fresco. O hábitat, assim, começará a respirar melhor, livrando-se de toxinas e excessos de peso, assim como faria qualquer corpo vivo; porque, no final das contas, isso é uma casa. Ninguém descuida de uma parte de seu corpo, por ínfima que ela seja. O mapa Baguá compreende toda a casa, não uma ou algumas de suas partes.

O BANHEIRO

Esse ambiente da casa, criado com o objetivo de eliminar os dejetos humanos, está diretamente associado à higiene e, portanto, à saúde. Aí são armazenados produtos de limpeza, perfumes, cosméticos, mas também remédios, primeiros socorros, bandagens, desinfetantes... Aí se restitui o corpo ao final do dia. Aí se atende nosso ser físico. Seu Ba-guá é decisivo.

Mas também aí são armazenadas as maiores ameaças para o *chi* nutriente que flui através de uma casa ou de um edifício. Por seus vasos sanitários e encanamentos correm bactérias, odores desagradáveis e sujeiras em geral. Quando os encanamentos de um banheiro estão abertos, o *chi* literalmente flui por eles e tende a escapar. Nesse sentido, o vaso sanitário é especialmente problemático, dado o grande tamanho de sua abertura. Por isso, manter fechada sua tampa quando não está sendo utilizada é uma questão mais do que estética.

Os banheiros devem ser lugares prazerosos, onde seus moradores possam passar momentos saudáveis e gratificantes, tanto para o corpo como para o espírito.

O aconselhável, sempre segundo o Feng Shui, é enchê-los com objetos agradáveis, em cores vivas, que se ajustem ao gosto de seus usuários e à região Ba-guá da casa sobre a qual esteja localizado o banheiro.

Escala Ba-guá

Assim como se aplica o mapa Ba-guá à estrutura global de um edifício ou a cada ambiente da casa, ele também pode ser aplicado sobre superfícies minúsculas, como uma mesa, um cantinho, uma escrivaninha...

Organizar uma mesa de trabalho de acordo com seu Ba-guá pode gerar criatividade e trazer êxito. Qualquer mesa, tabuleiro ou escrivaninha pode se converter em um pequeno mundo Ba-guá, capaz de desafiar todo nosso engenho na hora de distribuir os objetos segundo os propósitos perseguidos...

Objetos fortalecedores, atrativos e poderosos, organizados de acordo com o mapa Ba-guá da escrivaninha, resolvem o *chi* favoravelmente e revitalizam seu usuário.

Trata-se de pegar o mapa Ba-guá básico, usado para a residência ou o edifício, o dos nove quadrados idênticos, e estendê-lo sobre a mesa de trabalho. Depois de identificadas as diferentes regiões, será necessário ver quais se pretende vigorar prioritariamente, e a partir daí distribuir objetos pessoais, naturais, fotografias ou lembranças, sempre de maneira harmônica, para que o *chi* possa fluir, energizando tudo.

Tomando a cadeira da escrivaninha como a frente desta – ou seja, como sua porta de entrada –, será necessário identificar, primeiro, a esquina esquerda mais afastada, ou seja, a região associada à riqueza, e então ativá-la com elementos que inspirem potência, criatividade e lucidez, objetos que sejam associados à riqueza e à prosperidade, como, por exemplo, uma calculadora, um peso para papéis de cristal ou um pano de cor vermelha para que não falte ali o elemento fogo. Depois, a partir daí, observar – "ler" – o resto da escrivaninha e suas diferentes regiões Ba-guá.

A parte central traseira, correspondente à região Ba-guá da fama e da reputação, é o lugar ideal para expor diplomas, prêmios, medalhas ou títulos acadêmicos.

A região correspondente ao amor se encontra na esquina traseira direita da escrivaninha. Lá podem ser colocadas fotografias de seu par, alguma lembrança de um bom momento juntos, ou bastará a imagem de um ramo de flores brancas.

A região Ba-guá relacionada com a criatividade e com os filhos – localizada na parte central direita da mesa – é um lugar perfeito para a foto deles, e no caso de não se ter filhos mas desejá-los, poderá ser colocada a imagem de alguma criança, ou de filhotes de animais, ou incipientes brotos em floração. Outra alternativa para essa mesma região são aqueles objetos que representam criatividade, como uma lapiseira, um jogo de pincéis ou um desenho feito por uma criança, mas cuidadosamente emoldurado como se fosse uma valiosa obra de arte.

A região associada aos serviçais e às viagens – na frente e à direita – é o melhor lugar para o telefone, e pode ser realçada com fotos ou lembranças de viagens, calendários e citações, ou máximas que atuem como ideais para quem vai contemplá-las diariamente.

A região correspondente ao saber e à cultura, na esquina

esquerda dianteira, é uma área ideal para manter o trabalho que se está realizando no momento: folhetos, informação, livros ou expedientes. Também é favorável colocar aí material de referência, quer se trate de curso de mergulho, ou de *marketing*.

Quanto à parte relacionada à saúde e à família, localizada na ala esquerda da escrivaninha, entre as regiões correspondentes à cultura e à riqueza, convém colocar nela fotos de seres queridos, familiares e amigos, e algum elemento de metal, preferentemente de ferro, que assim lembrará a solidez de sua saúde.

Geralmente, a cabeceira da escrivaninha, relacionada com a carreira profissional, é sempre a mais desorganizada de todas, porque aí se desenvolvem as tarefas diárias. Esse espaço deve ser mantido limpo para se trabalhar melhor, e é por isso que é tão importante converter, de maneira cíclica, o caos em ordem. O mais recomendável é organizar esse lugar periodicamente, para que o *chi* se renove e não carregue problemas relativos a questões já resolvidas ou passadas.

Às vezes, em certos locais de trabalho, não é possível acomodar a escrivaninha ao gosto do empregado. Em muitos lugares, é proibido colocar objetos pessoais sobre a mesa de trabalho. Ainda assim, o Feng Shui, obedecendo sempre o mapa Ba-guá, oferece uma série de possibilidades mínimas, algumas imperceptíveis para os demais, que redundam em soluções concretas.

Por exemplo: os expedientes em andamento e os já cancelados devem ser colocados na região do saber e da cultura. Uma discreta imagem floral na área da saúde e da família, a calculadora na parte correspondente à riqueza, um peso para papéis de cristal na parte relacionada com a reputação, uma luminária na do amor, canetas e lápis na associada com a criatividade, o telefone na região dedicada aos serviçais e às viagens, e um grande papel secante junto ao computador, na parte relacionada com a carreira profissional. Embaixo de cada objeto, podem ser colocados papéis ou fitas coloridas de acordo com o Ba-guá correspondente, e o elemento ao qual cada cor remete. Esses papéis ou fitas não serão visíveis, mas ainda assim suas cores influirão na boa circulação do *chi*.

Em síntese, todas as ferramentas do Feng Shui podem ser úteis ou contraproducentes, dependendo se forem ou não organizadas de acordo com o mapa Ba-guá, que identifica e classifica o edifício, a casa, cada um de seus ambientes e seus minúsculos âmbitos também. O mapa Ba-guá deve ser tomado como a planta ideal e secreta dessa corrente que guiará o mar do *chi*, dentro do qual cada um de nós vive e respira.

Assim, o Feng Shui – com suas ferramentas, seu senso comum, seus conhecimentos imemoriais, toda a sabedoria do *I Ching* e a incomparável intuição humana – foi dando forma a uma disciplina com caráter de ciência e espírito de arte. Ao longo de mais de trinta séculos, o Feng Shui transcendeu suas fronteiras, se impõe hoje em todo o mundo, e é escola, mãe e sustento de muitas outras disciplinas e técnicas que nutrem a arquitetura moderna: a bioconstrução, a bio-climática, a geobiologia, e outros esforços humanos dirigidos a melhorar a saúde do hábitat e, portanto, a de seus habitantes.

Quando chovem pedras sobre as casas

Certas crônicas do ano 858 se referem à história ocorrida em – ou melhor dito, "sobre" – algumas casas de um pequeno povoado alemão, às margens do Rin, cujos tetos eram constantemente apedrejados por uma força invisível. Os habitantes do lugar, à falta de uma explicação coerente, decidiram atribuir a espíritos malignos, que já na época recebiam o nome de *poltergeist*. Pouco tempo depois, aquele vilarejo do Rin recuperou sua calma para sempre. Mas as pedras choveram em outras partes.

Em 4 de maio de 1910, registram os jornais locais, nas proximidades de Cantillana, Espanha, uma detonação inexplicável disparou pedras durante duas horas.

Na cidade de Valência, em agosto de 1935, sobre o Teatro da Gran Vía, três vezes aconteceu uma chuva de pedras, sem que a vigilância montada da polícia pudesse explicar por quê.

Nesse mesmo ano, em outubro, em Málaga, os jornais registraram uma chuva de pedras a pleno sol sobre uma modesta moradia de lavradores, junto à estrada de Benagalbón. E não faz muito tempo, em novembro de 1981, já avançado o século XX, na Inglaterra, uma chuva de pedras arrasou os tetos de algumas casas da rua Thornthon, em Birmingham. Inicialmente, os vizinhos atribuíram o fato a uma travessura infantil, mas como as pedradas não cessaram, recorreram à polícia, para que identificasse e detivesse quem fosse. Nesse mesmo dia, um esquadrão especial de vigilância estacionou na rua Thornthon. Mas as crianças não apareceram e as pedras continuaram chovendo.

Era pleno inverno, um dos mais duros de que se recordavam, e não havia modo de localizar os que jogavam pedras sem parar. Finalmente decidiram utilizar censores infravermelhos, intensificadores de imagem e câmaras fotográficas automáticas. O propósito era localizar o local de onde as pedras poderiam ser jogadas, baseando-se na direção e na intensidade com que caíam.

Em fins de 1982, haviam sido dedicadas mais de 3.500 horas-homem na investigação, e não se havia conseguido nada. Nem mesmo as próprias pedras davam informação alguma: totalmente limpas de pó que indicasse sua origem, não mostravam tampouco nenhuma impressão digital.

Dobrada pelos esforços, a polícia de Birmingham aceitou se tratar de um "simples" caso de *poltergeist*. Talvez o mesmo que havia açoitado, com seus duendes malignos, aquele povoado alemão às margens do Rin, onze séculos antes.

Agora falemos de saúde e felicidade.

Capítulo V

A CASA COM CORPO E ALMA

A partir dos ensinamentos do Feng Shui, se a residência é enfocada como um corpo vivo, precisamos entender que esse corpo vivo é um todo de matéria e energia. Qualquer moradia. Mesmo uma choupana ou um barraco precário e primitivo conforma uma unidade composta de materiais e de energias. Suas paredes, seus tetos, sua ventilação, sua luz, suas capacidades térmicas, sua exposição ao ambiente que a rodeia e, portanto, aos diferentes fatores com os quais o ambiente a acossa ou a preserva. Matéria e energia, corpo e alma. A matéria que conforma seu corpo, a energia que dá vida a sua alma.

Desde a pedra ou a madeira primitivas até os mais modernos materiais de construção, tudo que dá forma e sustenta a casa faz dela um corpo vivo, suscetível a todas as possibilidades de qualquer corpo vivo. Os fluidos energéticos e eletromagnéticos que a rodeiam e a afetam dão a esse corpo um fôlego vital que pode ser extinto, modificado ou melhorado.

Para começar, existe o piso, o chão sobre o qual deverá ser assentada e fundamentada a construção. Um chão que às vezes pode ser mais firme ou mais fraco, sujeito a movimentos sísmicos, aos desvarios do clima e, inevitavelmente, sujeito a um campo eletromagnético que, apesar de invisível, não deixa de ser real.

Como já dissemos, algumas vezes o homem se valeu dos animais domésticos para selecionar seu local de descanso. O cachorro e o cavalo o ajudavam a encontrá-lo, o gato lhe indicava os lugares errados.

Conforme o progresso se apoderou de sua vida, esses "bons lugares" ficaram cada vez mais difíceis de achar, devido tanto a fatores externos como internos, alheios ou intrínsecos à própria residência. A poluição sonora, as radiações cósmicas, solares e terrestres próprias do planeta, e agora também as radiações elétricas geradas por nosso próprio desenvolvimento. Fatores eternos e modernos, que a evolução e o progresso complicam e multiplicam, mas que às vezes também resolvem.

O material elétrico ativa o *chi*. Os antigos mestres chineses de Feng Shui não tinham que lidar com computadores nem luzes dicróicas, cujos efeitos sobre o campo eletromagnético de um lugar são invisíveis mas concretos, ao influir de maneira efetiva sobre seus habitantes. Por isso o consultor de Feng Shui contemporâneo já utiliza instrumental especializado para detectar esses campos e, assim, localizar as áreas livres de radiações perigosas.

Hoje o ser humano enfrenta um número crescente de elementos e condições artificiais que incidem sobre seu equilíbrio físico, mental e emocional, e que podem ser classificados, basicamente, em dois tipos: radiações telúricas e campos eletromagnéticos. O cosmo em geral e o hábitat em particular.

Primeiramente, entre os fatores cósmicos deve ser examinada a influência do sol, incomensurável reator de fusão nuclear em ação permanente sobre todo o sistema. Sua intensa atividade energética gera um vento solar que banha por completo nosso sistema planetário com prótons, elétrons, núcleos de hélio, íons, oxigênio e carbono: partículas que têm impacto contra a terra constantemente e que, assim, são aprisionadas por seus próprios campos magnéticos. Por sorte – e até o momento –, o que se conhece como a "magnetosfera do cinturão de Van Allen" envolve nosso mundo como um escudo protetor ante as piores dessas radiações: as ultravioleta, as infravermelhas e outras.

Em combinação com as brutais deteriorações produzidas pela poluição ambiental que caracterizou o último século, muitas dessas radiações conseguem filtrar essa magnetosfera além do desejável, gerando reações químicas que saturam a ionosfera de ozônio. Essas radiações bem podem desencadear correntes eletromagnéticas que depois circulam pela ionosfera, desatando tempestades elétricas que não apenas alteram as bússolas e os magnetômetros, mas também nossa psique e nossos corpos. Assim, o invisível do cosmo age sobre nós.

A tais fatores cósmicos acrescentam-se outros, os terrestres, próprios do hábitat. Fenômenos atmosféricos que incidem de maneira direta sobre os seres e as coisas que habitam o planeta.

A Terra tem – é – um campo magnético originado em seu núcleo – a uns cinco quilômetros de profundidade –, cujas linhas de força se expandem para além de sua superfície, com variações constantes em intensidade e força. O campo magnético observado na superfície, por exemplo, possui suas fontes de origem no exterior do globo terrestre. Mas também incidem no manto superior e nas rochas de sua superfície, algumas delas muito ricas em materiais magnéticos. Importantes mudanças climáticas são associadas às variações dos campos magnéticos, assim como os movimentos migratórios de muitas espécies, aves, mamíferos e de incontáveis bactérias.

Não devemos esquecer que a matéria está formada por átomos e que cada átomo, por sua vez, está conformado por um núcleo provido de cargas positivas, ao redor do qual gravita uma órbita de elétrons negativamente carregados. Normalmente, as cargas negativas dos elétrons equilibram com exatidão a carga positiva do núcleo e, assim, o átomo fica neutro. Tal átomo, ao ser exposto a diferentes energias a partir de diferentes radiações – naturais ou artificiais –, imediatamente perde elétrons, convertendo-se logo em íons positivos, que por alguma razão são também chamados "íons raivosos".

Por seu lado, os elétrons liberados por esse átomo serão atraídos e presos por outros átomos, que se carregarão negativamente, convertendo-se, por sua vez, em íons negativos, ou "felizes".

Consumada, assim, a alteração do campo magnético, uma vez que os íons se integram a uma molécula eletricamente neutra, a molécula invadida aumenta seu tamanho e conforma um íon maior, cuja incidência sobre a saúde física já foi várias vezes demonstrada.

Tudo isso explica por que o Feng Shui, a arquitetura moderna e tantas disciplinas afluentes se empenham cada dia mais em observar e resolver o problema energético do hábitat, mais além – ou mais aquém – de suas características materiais.

A adequada ventilação, a funcionalidade da vegetação, as condições de umidade, a textura e permeabilidade dos materiais a serem usados, o exaustivo cuidado diante dos veios de água subterrâneas, as alterações do terreno, suas falhas geológicas são todos pontos muito delicados na hora de entender uma casa com corpo e alma... Sem mencionar a própria magia que cada coisa, casa e lugar possuem.

Seres magnéticos

A palavra "magnetismo" provém de Magnésia, antiga cidade da Ásia Menor, da região da Macedônia, de onde se extraía o óxido ferroso-férrico, cujas virtudes já eram conhecidas na antiga Grécia. Muito antes, em tempos nunca determinados com precisão, aproveitando seu alinhamento com o norte magnético da Terra, os chineses implementaram o uso dos magnetos – os ímãs – e inventaram a bússola. Mas desde o século VII antes de Cristo, o filósofo e matemático Thales de Mileto tinha conseguido atrair pedacinhos de lã esfregando-as com âmbar. Dessa forma, os elétrons da lã passavam para o âmbar e, assim, o âmbar se carregava de íons negativos. Da palavra grega *elétron*, que significa "âmbar", deriva, por fim, o termo "eletricidade". Aí começava uma intensa corrida para o homem.

Séculos mais tarde, Otto Guericke fabricou o primeiro gerador elétrico por fricção. Posteriormente, Von Kliest e Leyden fizeram experiências com acumuladores de energia e inventaram o condensador elétrico. Em 1799, Alessandro Volta criou o primeiro condensador não-eletrostático, que deu origem ao que hoje conhecemos com o nome de "pilha ou bateria".

Em 1820, um físico dinamarquês, Hans Christian Oersted, unificou, por acaso, os conceitos "eletricidade" e "magnetismo", comprovando que o eletromagnetismo corresponde sempre à corrente elétrica, e que toda corrente elétrica supõe um campo magnético.

O fato é que o ser humano convive com esses elementos, eles o rodeiam e o envolvem. Estão na radioatividade da Terra, em todo o entorno, provenientes dos minerais, do subsolo, do cosmo, do sol e também do interior de nossos próprios corpos e, assim, alteram, favorecem ou atrapalham o bom fluido do *chi.*

Através do corpo humano circulam permanentemente minúsculas correntes elétricas ligadas aos influxos nervosos e à transmissão de informação de um neurônio a outro. Essas correntes partem do cérebro e circulam pelo resto do corpo, criando campos magnéticos extremamente fracos, mas concretos. Para se ter uma idéia, a força do campo magnético gerado pela atividade do coração representa exatamente uma milionésima parte da força total do campo magnético terrestre.

O campo magnético terrestre pulsa entre oito e vinte

ciclos por segundo, e o cérebro humano sintoniza esse mesmo campo pulsante. E entre oito e doze ciclos de atividade elétrica e magnética cerebral, alcança-se, normalmente, o estado mais propício ao relaxamento. Estado que costuma ser identificado com a letra grega alfa.

Fica claro de que forma a atividade biológica e metabólica é influenciada pelos diferentes campos eletromagnéticos e radioativos que imperam sobre a Terra. Dessa forma, fica abolida a teoria que restringe a vida do corpo a processos meramente bioquímicos, para estabelecer que o ser humano se rege sobre a base de uma complexa rede sistemática de processos bio-eletro-magnético-químico-radioativos, o que complica, e ao mesmo tempo explica, seus variados comportamentos e humores.

Esta notícia abriu para as ciências e paraciências um novo panorama energético-vibracional a partir do qual pode-se observar a vida no planeta, sob as condições de um âmbito não apenas material e químico, mas também elétrico, magnético e radioativo, dentro do qual os seres humanos, ao longo de sua epopéia evolutiva, não fizeram mais do que lutar e se adaptar a suas constantes modificações e flutuações.

Por séculos e séculos, a radioatividade, a eletricidade e o magnetismo terrestres, embora sempre com variações, se mantiveram em constantes relativamente estáveis... Mas, nas últimas décadas, a industrialização desmedida, a poluição ambiental, o desmatamento e outros fatores tão nocivos da corrida tecnológica alteraram esse antigo equilíbrio, afetando todos os processos vitais, a saúde, as colheitas, as marés, as estações...

As vítimas do ar

Uma casa em pleno concerto urbano, rodeada de torres de alta-tensão, antenas emissoras de rádio, de tevê ou telefonia, não será sentida da mesma forma que uma casa rodeada de árvores, em meio ao campo, livre de eletrodomésticos desnecessários ou desnecessariamente ativados.

Sob uma atmosfera carregada, como a que reina nos momentos que antecedem uma tempestade, é freqüente sentir-se inquieto, e até ser tomado por inexplicável irritação. Não é outra coisa que o estresse eletromagnético, também chamado "eletroestresse", gerado por um excesso de íons positivos (raivosos) que carregam o ar. Desatada a tempestade, volta a calma, tudo parece desanuviar-se, a mente também. Isso responde à ação agora dos íons negativos (felizes), chamados, não sem razão, as "vitaminas do ar". Eles refrescam a atmosfera, permitem o relaxamento e facilitam o descanso.

O ambiente interior de muitas casas e locais de trabalho – onde, no fim das contas, passamos a maior parte de nossa existência – costuma se encontrar saturado de íons positivos, como conseqüência da poluição ambiental produzida pelo ar malcondicionado, computadores e outros aparelhos elétricos ou eletrodomésticos. Não são estranhos aí os problemas respiratórios e as alergias, principalmente nas pessoas hipersensíveis... como as crianças.

A qualidade do ar é uma das causas mais bem estabelecidas do que se conveio chamar de "síndrome do edifício doente". De acordo com vários estudos realizados, dá-se com maior freqüência nos espaços interiores e muito eletrificados. Tais climas artificiais – cuja atmosfera normal é um ar carregado de eletrostática – produzem fadigas e cefaléias, sensação de sufoco, de peso e claustrofobia. São climas comuns em grandes armazéns, academias, hospitais, ministérios, escritórios populosos... *edifícios doentes.* Resistência a ir dormir, insônia, pesadelos, sonambulismo, cansaço crônico, inapetência, mau humor, depressão e câimbras na cama são sintomas comuns sofridos por quem habita um *edifício doente.* O fenômeno da ionização do ar está intimamente associado a todos esses transtornos.

Capítulo VI

A VOZ DA TERRA

Desde as origens do Feng Shui – mesmo antes –, o homem se interessou pelo estudo de sua relação com o meio ambiente, fosse através de xamãs, bruxos, adivinhos, pitonisas, sacerdotes, sábios... ou, agora, dos modernos geobiólogos que, não por serem modernos, desconhecem antigas e vastas influências e razões.

Segundo a própria palavra explica, geobiologia é o estudo da correspondência entre a Terra e a vida, ou seja, a ciência que estuda as energias que emanam da Terra e sua influência sobre os seres que a habitam.

Como ciência, reúne e combina conhecimentos ancestrais como o Feng Shui, com recentes e constantes pesquisas científicas. Seu objetivo principal é o estudo das radiações, sejam naturais (cósmico-terrestres), sejam artificiais (campos elétricos e eletromagnéticos), e seus diferentes vínculos com certas doenças que afetam fundamentalmente o sistema nervoso central e o sistema imunológico. Ou seja, doenças mentais, cardiovasculares e degenerativas.

Assim, depois de muitos progressos, a geobiologia soube acrescentar aos aspectos técnicos da construção e do projeto novas possibilidades de conforto biológico, destinadas a otimizar a qualidade de vida e a saúde global da humanidade e do planeta.

Para isso, a geobiologia se baseia no exame exaustivo do terreno a ser edificado e na correta escolha dos materiais que deverão ser utilizados: sua durabilidade, toxicidade, radioatividade a curto ou médio prazo e suas qualidades térmicas.

Assim como o Feng Shui tradicional, atualmente essa ciência se encontra quase que exclusivamente concentrada na pesquisa do entorno e da morfologia da moradia familiar e dos lugares de trabalho onde se desenvolve a vida.

Aos conhecimentos ancestrais chineses, a geobiologia soube incorporar e combinar a informação das diferentes disciplinas e ciências (como a astrofísica, a geologia, a medicina, a biofísica), e em poucos anos – em seis décadas apenas – conseguiu seu próprio *status* de ciência, e como tal agora é estudada em diferentes universidades da Alemanha, França, Rússia, Luxemburgo, Suíça, na República Tcheca, na Espanha. Enquanto isso, seus postulados, pesquisas e teorias abrem caminho no campo médico, na construção, na hidrologia, na ecologia, na engenharia, na arquitetura e em muitas outras disciplinas e ciências.

Assim como Feng Shui, a geobiologia, embora seja hoje considerada uma ciência que utiliza rigor sistemático sustentando cada um de seus procedimentos e avanços, no início, encontrou não poucas resistências, até mesmo porque utiliza – tal qual o Feng Shui – certas capacidades psíquicas próprias de alguns seres humanos consideradas como "paranormais".

Um exemplo é a radioestesia, um fenômeno psíquico produzido pela capacidade natural do ser humano para obter informação por meio de um determinado estado de receptividade psíquica obtido de forma voluntária e consciente.

Quanto ao instrumental desses especialistas... em essência não varia com relação ao que os antigos chineses forjadores do

Feng Shui utilizavam. Geralmente, são varinhas, pêndulos, varas, elementos que não são outra coisa senão amplificadores das reações neuromusculares.

Tudo isso deu à geobiologia um aspecto de esoterismo que atrapalhou sua imagem diante da ciência positiva. Depois, diante dos resultados obtidos e demonstrados, e ao incorporar entre seus conhecimentos teorias e técnicas provenientes dos mais diversos ramos do saber, essa disciplina conseguiu se firmar como ciência e, a partir daí, centrar seus esforços na compreensão dos fenômenos pouco estudados, originados em certas energias ainda pouco conhecidas, mas que afetam seriamente o hábitat e, portanto, a saúde humana.

Em apenas seis décadas de estudo, a geobiologia conseguiu importantes contribuições para entender e melhorar a relação do ser humano com o meio em que habita, incluindo nisso o planeta inteiro e o universo em seu conjunto. Tanto é assim, que seu nome já é considerado um termo pobre para seu verdadeiro alcance. Há quem proponha rebatizá-la como "cosmogeobiologia", ou "domologia", palavra cuja raiz é *domus*: "morada ou residência".

Mas tanto seu nome como seu interesse principal advêm da constante relação estabelecida entre certas doenças e transtornos da saúde, indefectivelmente associados às radiações terrestres, como aos raios gama, ou à presença de gás radônio, ou a diferentes alterações do campo magnético originadas nas falhas, fissuras ou camadas freáticas.

O fato concreto é que existe no ambiente terrestre um fluxo elétrico constante de elétrons de carga negativa que giram constantemente ao redor de todo o planeta. Esta carga flutua permanentemente por causa da radiação cósmica e solar e de outros fatores meteorológicos, como tempestades, baixas pressões atmosféricas etc. Definitivamente, tal eletricidade se relaciona com a estrutura dos solos, com a vegetação, as edificações e a vida humana.

Por sua própria composição, a superfície terrestre é uma condutora elétrica ideal, e ao redor dela a atmosfera trabalha como semicondutora até uma altura de 50 km da superfície. Na ionosfera ela volta a ser condutora, embora já recarregada positivamente.

Assim, compreende-se a diferença de potencial entre a superfície e a ionosfera, o que gera, na superfície, uma carga estimada em 130 volts nos dias claros de tempo calmo. Nesses casos, a baixa e média atmosfera isolam a carga de íons positivos estabelecendo um equilíbrio natural. Mas nos instantes que precedem uma tempestade, a carga elétrica do ar pode alcançar vários milhares de volts por excesso de íons positivos e, dessa forma, quebrar o tão saudável equilíbrio anterior. Não por acaso, nesses momentos muitas pessoas têm sensação de peso físico, mal-estar geral, fadiga, nervosismo ou irritabilidade.

As ondas da vida

Em meados do século XX, na década de 1950, o doutor Otto W. Schumann, da Universidade Tecnológica de Munique (Alemanha), interessado nos efeitos de ressonância do sistema terra-ar-ionosfera, fez uma descoberta revolucionária: certas ondas eletromagnéticas vibram na mesma freqüência em que vibram as ondas cerebrais de todos os mamíferos, incluindo o ser humano. A ciência física as conhece desde então com o nome de "ondas transversal-magnéticas", mas os cientistas, chamam-nas, em honra a seu descobridor, de "ondas Schumann".

Por simples, complexo ou desconhecido que soe, a descoberta foi efetivamente revolucionária. Desde então, de forma ultra-secreta, as grandes potências mundiais fazem experiências com essas ondas, investindo fortunas em projetos cada vez mais sofisticados e audaciosos. Não ignoram que quem as domine dominará invisivelmente a mente dos inimigos, com possibilidades e alcances difíceis de profetizar.

Por volta de 1948, já estabelecida a freqüência de ressonância das ondas eletromagnéticas, o dr. Schumann decidiu publicar seu trabalho em uma revista de física, sem prever que aquele era o caminho correto para consumar seu descobrimento. A revista chegou às mãos de um físico austríaco, o professor Arthr Ankemüller, que logo percebeu que tal freqüência – estabelecida em dez hertz por segundo – coincidia com a freqüência do cérebro humano. Imediatamente, o professor Ankemüller telefonou para o doutor Schumann e lhe disse:

É interessantíssimo o que o senhor mediu, que a Terra tem a mesma ressonância própria como o cérebro humano. Haveria que confirmar se isso é realmente assim.

Nessa cadeia de sincronias, um dos melhores alunos do doutor Schumann pedia-lhe algum tema para sua tese de doutorado. O doutor Schumann, então, lhe propôs averiguar qual era exatamente o grau vibratório daquelas ondas, já que dez hertz tinha sido um cálculo aproximado.

Ao cabo de algumas semanas de medições, o estudante informou a seu professor que o valor exato era de 7,8 hertz por segundo. Exatamente a mesma freqüência entre o hipotálamo de todos os homens e de todos os mamíferos.

Enquanto o ritmo alfa seja diferente em cada pessoa – embora sempre se encontre entre 9 e 11 hertz por segundo –, a freqüência de 7,8 hertz se mantém estável e inalterável em todos os mamíferos, humanos e não. É uma constante normal, biológica e necessária. Uma espécie de marca-passo divino sem o qual a vida não seria possível.

A melhor prova da importância vital das ondas Schumann foi obtida, de maneira quase traumática, quando o homem foi isolado eletromagneticamente do entorno para o qual está feito e adaptado. Durante as primeiras viagens espaciais, os astronautas – soviéticos ou norte-americanos –, ao voltar de suas missões, apresentavam sérios desequilíbrios de saúde, física e mental. Ao abandonar a ionosfera, eles ficavam de alguma maneira desconectados da freqüência vital. Não demorou muito para o problema ser resolvido, graças ao uso de geradores de ondas Schumann.

Nesse ínterim, os cientistas da Nasa isolaram magneticamente um grupo de voluntários e observaram alguns efeitos pontuais produzidos pelas ondas eletromagnéticas sobre a saúde. Hoje, a moderna terapia magnética aplica muitos desses resultados no tratamento de certas afecções cardíacas. Os geradores de ondas Schumann e geomagnéticas já são de uso comum na medicina contemporânea.

Justiça seja feita, seria injusto esquecer aqui o nome daquele discípulo do doutor Schumann: Herbert König, que mais tarde haveria de sucedê-lo em sua cátedra na Universidade de Munique e que, além do mais, logo se converteria no genro do doutor Ernest Hartmann. Os dois, juntos, fariam outra descoberta não menos importante para a ciência: as linhas Hartmann.

As linhas da vida

Embora sejam algo mais que um desenho no mapa, essas linhas, assim como os meridianos e os paralelos, envolvem a superfície terrestre como uma imensa rede que impera com sua influência.

Trata-se de um dos fenômenos mais interessantes que a geobiologia estuda, e que já era considerado pelo Feng Shui. A ciência, em geral, a conhece hoje com o nome de "rede global", ou "rede de Hartmann".

No período após a Segunda Guerra Mundial, o médico e geobiólogo alemão, doutor Ernest Hartmann, após longas e trabalhosas medições, traçou o tecido das linhas de força da estrutura eletromagnética terrestre, e estabeleceu que nosso planeta está literalmente envolto por uma retícula energética aberta entre suas linhas em dois metros e meio em direção Norte-Sul e um pouco menos em direção Leste-Oeste. A retícula em si varia em intensidade e forma, mas a grossura dessas linhas se mantém quase inalterável nos vinte e um centímetros, e essa altura as torna passíveis de serem percebidas, com o instrumental adequado, mesmo a vários quilômetros de altura.

Os especialistas em geral – geobiólogos ou mestres de Feng Shui – desaconselham abertamente construir ou estabelecer o lugar de descanso sobre os cruzamentos dessas linhas, por serem tais cruzamentos nocivos à saúde. Seus efeitos recrudescem quando esse cruzamento de linhas se encontra sobre alguma falha telúrica que desequilibre o campo eletromagnético do lugar.

Atualmente, radioestesistas especializados e experientes, geobiólogos e, mais ainda, geólogos geobiólogos estão em condições de traçar a retícula própria de cada casa, comércio e escritório e, assim, conseguir uma melhor distribuição dos locais de trabalho onde a produção será incentivada. Assim, um mapa Ba-guá bem traçado não deve ignorar as linhas Hartmann e seus cruzamentos.

O que vem a seguir é o testemunho do bacharel Oscar Ayala Arana, da Universidade de Cáli, e representante na Colômbia da Associação de Estudos Geobiológicos:

Tive a sorte de ter recebido em minha casa vários professores e, em medições tomadas em diferentes momentos por essas pessoas, as retículas traçadas por cada um deles coincidiram assombrosamente. Isso nos ajudou a localizar melhor nossa cama de casal, as camas de nossos bebês e vários eletrodomésticos, da maneira mais apropriada para nossa saúde. Um estudo complementar de Feng Shui nos deixou muitos outros ensinamentos adicionais e nos deu pautas para desterrar alguns materiais sintéticos de nosso quarto e de nosso vestuário, para mudar de lugar os espelhos, e outras sutilezas aparentes, que melhoraram notavelmente o bem-estar de minha família.

Obviamente, a geobiologia não é a única solução nem – infelizmente – o desequilíbrio eletromagnético é a única coisa capaz de afetar o hábitat.

Outras questões e outras possibilidades resolvem novos problemas, mas com a mesma finalidade: a saúde da casa, para sempre indissociável de nossa própria saúde.

Nesse caso, a geobiologia não é mais que uma das *ferramentas* mais eficazes com que conta uma disciplina cada dia mais urgente: a bioconstrução.

Fantasmas austrais

Qualquer camponês, ou qualquer pessoa que conheça ou freqüente o campo escutou falar uma infinidade de vezes de luzes más, sétimos filhos machos transformados em lobos, espíritos errantes e outras lendas do imaginário popular... São lendas próprias de qualquer comunidade de campo, e abundam tanto na Europa como na América Latina. Mas os fatos registrados no povoado de General Madariaga, em Buenos Aires, Argentina, em 1993, não tiveram nada de lenda.

Maria Ferreyra e seus filhos Horácio, Júlio e Ramona habitavam a humilde casa de zinco do número 563 da rua

Urrutia. Dentro de suas possibilidades, levavam uma vida normal e tranqüila, até que, no sábado, 10 de abril de 1993, as janelas e as portas da casa começaram a fechar e a abrir com força, sem que ninguém as tocasse. Eram as primeiras manifestações de um fenômeno que aumentaria com os dias, variando a forma.

Logo veio o deslocamento dos móveis, objetos que começavam a voar ou levitar, e até um velho pano de chão umedecido começou a planar pelo interior da moradia, sem vento que o tocasse...

Aterrorizada, Maria Ferrreyra decidiu pedir ajuda, primeiro à polícia e depois à igreja... Mas nada puderam fazer o delegado ou o vigário do povoado, os pastores evangélicos, os curandeiros, os exorcistas que logo começaram a desfilar pelo lugar, assegurando possuir a fórmula mágica para derrotar os espíritos malignos... Os móveis continuavam andando e já voavam as facas, saltando das gavetas para se cravarem nas portas de madeira da casa.

Alguém finalmente aconselhou Maria Ferreyra a consultar a parapsicóloga Susana López que, atenta às teorias do alquimista suíço Basilius Mongebius, concentrou todo seu poder de observação nas três crianças da casa, até chegar e em Júlio.

Júlio tinha, na época, dez anos e carregava em seu interior uma bateria de conflitos, traumas e desejos contidos. Quase todos eles vinculados com seu despertar sexual.

Tratava-se de um menino introvertido, tímido, calado, à simples vista normal, como qualquer criança de sua idade. No entanto, logo depois de estudá-lo, a parapsicóloga Susana López entendeu que o menino tinha algo diferente: um estranho poder mental e uma memória extraordinária na qual alojava lembranças de fatos acontecidos ainda antes de seu nascimento. Coroando esse quadro tão singular, Júlio estava unido a sua mãe por uma relação de amor-ódio que se agravava dia após dia.

A parapsicóloga não teve dúvidas: imediatamente aconselhou Maria Ferreyra a colocar Júlio sob rigoroso tratamento psicológico, mas intimamente estava convencida de que, assim que ele entrasse na adolescência, encontraria a cura definitiva de seus males.

O tratamento psicológico durou algumas semanas, durante as quais Júlio foi submisso e obediente, alegando em todo momento seu desejo de ser bom e piedoso. E por fim se curou.

Antes mesmo que ele chegasse à maioridade, os fenômenos desapareceram e nunca mais voltaram. Mas os especialistas que trataram Júlio notaram que, durante as entrevistas, o menino mais de uma vez demonstrou certo orgulho diante do poder que ostentava.

****

Que isso sirva para comprovar que, embora as casas possam influir sobre seus habitantes, também estes o fazem sobre elas. E, por sorte, são os seres humanos que planejam e constroem.

Capítulo VII

A CASA MÃE

A bioconstrução é a melhor tentativa humana moderna para mitigar o tremendo impacto que a edificação tem sobre o meio ambiente em que habitamos. Ou seja: da casa-mãe.

Diante da compreensão da gravidade da progressiva deterioração que seu entorno natural sofre, o homem, também foi desenvolvendo uma reação de acordo, uma resposta ecológica que, de alguma maneira, encontra sua consagração nas várias técnicas, teorias e recursos que a bioconstrução propõe.

Assim como a pequena pedra lançada em um lago altera toda a superfície deste, também a mais simples de nossas ações pode afetar nosso entorno. Toda modificação, menor ou maior, a curto ou a longo prazo, incide sobre o planeta inteiro.

Com esse conhecimento, a bioconstrução aspira conseguir uma consciência global, a partir da qual cada um de nós sinta, pense e aja como uma enzima dessa célula que representa, que é – dentro do grande organismo do cosmos – nosso planeta, a Terra.

Para obter isso, a bioconstrução está baseada em alguns princípios rígidos que marcam seu rumo definido.

Do ponto de vista global, e também individual, é responsabilidade de cada um de nós cuidar e preservar nossa casa – a Terra –, para alcançar, assim, os níveis de saúde e de bem-estar ótimos.

Nesse sentido, ciências como a geobiologia e a bioconstrução – modernas, novas, recém-nascidas – têm ainda muito pela frente, muitos problemas para resolver e muitas respostas para dar. Algumas das quais já estão impressas, provadas e demonstradas.

Assim como a geobiologia, a bioconstrução se nutre de técnicas antigas e modernas, teorias e recursos. Do Feng Shui até a bioclimática, os especialistas em bioconstrução estabeleceram alguns princípios que não podem ser ignorados para a saúde da casa e de seus moradores.

A saber:

1 - As casas devem ser construídas longe dos polígonos industriais e das principais rotas de tráfego.
2 - As casas devem ser construídas em lugares espaçosos, rodeados de zonas verdes.
3 - Os materiais de construção devem ser naturais, não-tóxicos.
4 - As casas devem ser construídas com materiais que não contribuam com a degradação do meio ambiente em nenhum momento de seu ciclo vital: extração, manufatura, instalação e uso, nem com materiais que representem a exploração de recursos limitados ou em perigo.
5 - Os materiais que são utilizados em paredes, pisos e tetos devem permitir a difusão do ar.
6 - Os materiais de construção devem ser higroscópicos, para absorver e liberar o vapor de água e moderar a umidade interior.

7 - Os materiais das superfícies interiores devem ser capazes de filtrar o ar e neutralizar as substâncias contaminantes que o acompanham.
18 - Deve-se procurar um equilíbrio entre a capacidade de armazenar calor (massa térmica) e os níveis de isolamento.
19 - Utilizar calefação radiante e energia solar.
10 - As casas devem ser protegidas contra os ruídos externos e as vibrações infra-sônicas.
11 - Maximizar o uso de luz natural e da policromia no interior.
12 - Minimizar o uso de campos eletromagnéticos, ao mesmo tempo que são mantidos os campos magnéticos e elétricos naturais.

Estes são os princípios básicos da bioconstrução, que por sua vez estão baseados em outros princípios expressos no que o mundo conhece como o "documento de Hanôver".

Princípios e fins

Os princípios de Hannover podem ser considerados como a carta magna da bioconstrução. Eles salientam e ampliam a compreensão de nossa inter-relação absoluta com o meio ambiente. Não se trata de uma regra de ouro inalterável; eles constituem um documento vivo, passível de ser melhorado e adequado conforme o conhecimento humano evolui. São apenas princípios básicos.

Aí se defende o direito – e a obrigação – de a humanidade coexistir de maneira sã, perdurável, diversa, e com mútua compreensão e correspondência com a natureza que a rodeia.

Baseado em que os elementos do *projeto humano*

dependem do *entorno natural* e estes, por sua vez, agem sobre ele, o documento defende, em primeiro lugar, a interdependência vital entre ambos.

Em segundo lugar, o documento dá especial ênfase à relação existente entre espírito e matéria, e assim considera todos os aspectos de um assentamento humano sem subestimar nenhum: as características de sua comodidade, seu modo de vida, seu tipo de moradia, sua indústria e seu comércio.

Lembra a responsabilidade que cabe a cada geração em relação às futuras, em função de não delegar preocupações e dificuldades nas seqüelas ou riscos que possam ser derivados do uso de certos produtos e elementos. Sustenta que uns e outros devem ser objetos que se sustentem no tempo.

Dá por abolido o conceito de "resíduo" ou "desperdício", para, em lugar disso, otimizar o ciclo de vida dos produtos e processos em prol de um estado natural no qual nada se perca e tudo se transforme.

Aposta como solução os fluxos naturais de energia e propõe reivindicar o sol como fonte e força permanente de criatividade e vida.

Sem ignorar as limitações humanas e materiais do projeto quanto à duração e funcionalidade, o documento sugere pensar e agir com humildade frente à natureza implacável, ao mesmo tempo exemplo, mãe e mestra, não obstáculo. Em poucas palavras, tenta restabelecer a responsabilidade ética e a relação integral entre a realidade ambiental e a atividade humana.

Desse ponto de vista, a bioconstrução entende que "a residência deve se adaptar a nós como uma terceira pele, dando-nos abrigo, saúde e proteção", e nessa busca, diversas ciências, disciplinas ou artes unem seus esforços e conhecimentos para gerar, por sua vez, novas correntes, propostas e alternativas. Do antiqüíssimo Feng Shui até o futuro.

A BAUBIOLOGIA

Porque, de fato, os princípios do antiquíssimo Feng Shui hoje devem ser utilizados em um entorno substancialmente diferente daquele onde foram engendrados e desenvolvidos. Nosso âmbito moderno está rodeado de automóveis, revestimentos de piche, dividido com cimento, composto de materiais sintéticos e cercado por aparelhos eletrônicos de alto poder eletromagnético: fornos microondas, telefones celulares, computadores e satélites. Nessa tentativa de atualizar o Feng Shui, é que muitas dessas disciplinas, ciências ou correntes se esforçam. A baubiologia é uma delas.

A palavra provém do alemão *baubiology*, e se refere à biologia da construção. Em combinação com o Feng Shui, organiza uma moderna ciência do hábitat que se refere não apenas à edificação de um imóvel, mas também a como ele será habitado.

A baubiologia, como objeto de estudo, centra sua atenção na contaminação eletromagnética e ambiental da casa, e dá especial ênfase aos materiais utilizados para sua construção.

O arquiteto José Macedo, catedrático da Faculdade de Arquitetura-Xalapa, assinala que a "a baubiologia compreende estudos de geomagnetismo e sobre como as linhas magnéticas da Terra nos afetam". No capítulo anterior, ficou explicado até que ponto os campos eletromagnéticos afetam a saúde do ser humano; como no caso dos cruzamentos das linhas Hartmann, por exemplo. De igual maneira agem alguns materiais sintéticos, muito utilizados hoje na construção moderna, e que incidem negativamente sobre o bem-estar e a saúde de seus moradores. Problemas que se manifestam com maior assiduidade nos edifícios de escritórios e que, segundo a baubiologia – e não apenas a baubiologia –, provavelmente tenham impacto sobre o absentismo e a produtividade.

Os especialistas batizaram esse fenômeno com o nome de "Jaula/Gaiola de Faraday". Tal quadro costuma se apresentar, fundamentalmente, nas casas ou edifícios onde se utilizou essa espécie de grade composta de uma rede cujas malhas estão tecidas por uma série de nervuras de poliestireno – muito freqüentes na construção atual – e que acabam funcionando como uma perfeita antena que desorganiza o campo magnético, atraindo energia daninha para seus habitantes. Por isso, a baubiologia recomenda o uso de materiais naturais e propõe construir da maneira mais simples e sã possível, aproveitando a terra crua circundante, seja em forma de blocos ou tijolos, até paredes de taipa de terra batida.

Nada novo. Trata-se, no fim das contas, das antigas técnicas com as quais foram levantadas casas e edifícios que ainda hoje permanecem em pé, grandes construções de formidáveis muros capazes de conter a acústica e de guardar o calor no inverno, enquanto refrescam os ambientes nas temporadas quentes. Nada novo. Tão somente algo que a tecnologia moderna esqueceu, e opta, para maior lucro, por materiais menos nobres e sistemas de pré-fabricação que sacrificam o bem-estar humano.

Atualmente, a baubiologia ganha terreno e é cada vez mais usada nas zonas rurais, onde se voltou a construir com terra porque barateia os custos, porque dá à casa uma respiração natural, e porque devolve a seus habitantes um saudável contato com a natureza.

A alquimia da construção

Junto com a baubiologia, uma das mais notórias correntes nascidas da bioconstrução – e, portanto, do Feng Shui – é a que passou a ser chamada de "construção natural", ou "a alquimia da construção".

Segundo essa linha, todo cuidado começa com os materiais usados na construção, e recomenda que eles sejam extraídos diretamente da natureza própria do lugar onde se vai construir. Pedra, madeira, argila ou bambu, o que for, o que haja.

Depois, selecionada a matéria-prima, o alquimista deverá então conhecê-la e entendê-la, deter-se em sua composição química e em suas possibilidades físicas, em suas condições de resistência, em sua durabilidade, toxidade, capacidade térmica e, logicamente, em suas implicações eletromagnéticas. O objetivo é levantar uma casa com alma, e a alma de uma casa com o que a terra oferece ali onde se escolhe.

Um passo crucial consiste em escolher o lugar exato e para isso também é primordial entender seu entorno e observar sua atmosfera, até compreender o verdadeiro *genius loci* do lugar, isto é, *a alma do lugar.*

Os devotos da construção natural sustentam que para isso não existe melhor recurso do que a concentração, a meditação e o silêncio. Conseguir um estado mental que nos permita sentir plenamente o lugar, o que inclui sua história, seu passado, o ponto que ocupa no planeta, sua generosidade, suas asperezas, suas características vitais e, portanto, qual é a arquitetura exata para viver ali. Melhor, um profundo estudo da região permitirá um maior aproveitamento de seus recursos concretos: clima, solo, vegetação, ventos, luz e, de novo, claro, suas circunstâncias eletromagnéticas.

A construção natural oferece um valor agregado a toda a temática da bioconstrução, criando mais um parentesco com o Feng Shui. Porque a alquimia da construção reclama do homem uma mística baseada no conhecimento de seu próprio interior e do interior das coisas, de sua essência e de seu caráter. Em outras palavras: a compreensão do *chi* absoluto a partir do íntimo de nosso ser. Começar pelo nível mais etéreo, até chegar, passo a passo, à solidez da matéria.

Assim como na *alquimia original*, aqui também são necessários os conhecimentos dos elementos naturais, de suas leis físicas, suas reações químicas e até seus caracteres simbólicos. Sem a correspondente observação e compreensão – íntima e externa do entorno imediato –, torna-se difícil, quando não impossível, a verdadeira integração com o meio em que deverá se desenvolver a vida humana. Assim, a mesma especial atenção merecem as circunstâncias naturais, como o espaço social e as boas relações com a vizinhança.

Como objetivo máximo, a alquimia da construção aspira o ouro de uma comunidade em mútua e constante harmonia com o ambiente natural, com sua moradia e consigo mesma. Uma comunidade capaz de relações sociais saudáveis, que possa evoluir para novas e melhores formas de convivência.

Agora, objetivos tão altos não se consegue em poucos passos nem em pouco tempo. Todos aqueles que professam e executam a construção natural sabem disso muito bem. A alquimia da construção exige paciência, suor, tenacidade e, sobretudo, fé. Fé ao longo de anos de tentativa e erro, de estudos e experiências... Afinal de contas, o ouro dos alquimistas nunca esteve ao alcance da mão.

Uma construção natural, bela, rodeada de jardins, em plena natureza, envolvida pelo canto dos pássaros, de um rio e da noite, representa o ouro desta alquimia moderna. E, embora as estrelas talvez nunca sejam alcançadas, elas servem para nos guiar. Com essa visão e essa fé trabalham os alquimistas da construção, e observam tudo o que os rodeia, atentos à mínima mudança gradual, abertos a novos métodos e antigas técnicas e recursos, a tudo o que sirva para modificar a realidade, sem outros elementos senão os que ela oferece.

Capítulo VIII

OS SEIS ELEMENTOS

Se a alma de uma casa é sua energia, então pode-se dizer que nossa casa, o planeta Terra, atravessa atualmente um momento espiritual muito delicado.

À medida que o século XX avançou, o uso da energia se tornou um dos nós mais complexos que a humanidade enfrenta.

Basta mencionar que, atualmente, 20% da população mundial consome 80% da energia disponível, e que o grosso desses 80% são gastos pelos países mais industrializados do Ocidente. E que a maior parte da poluição que atinge o planeta é originada no consumo dessa energia.

O ponto central é que esse desenvolvimento tecnológico tão aplaudido, custa-nos um alto preço, que não leva em conta os custos ambientais que seu uso produz.

Quase todas as fontes de energia utilizadas hoje – carvão, petróleo, gás – são limitadas, não-renováveis, e os especialistas já profetizam seu final. Para piorar, outras fontes, como a energia nuclear, apresentam enorme risco para sua utilização, e acarretam conseqüências perigosas porque geram resíduos cada dia mais difíceis de serem eliminados.

Ninguém pode negar os muitos benefícios obtidos pela humanidade a partir do desenvolvimento tecnológico no século XX. Mas nenhum benefício compensará os danos originados pelo uso desorganizado e míope dos recursos naturais deste nosso planeta.

E isso sem esquecer que são apenas os países mais desenvolvidos do Ocidente os que consomem a maior parte da energia. Se o mundo todo conseguisse alcançar o mesmo padrão de vida que o Ocidente moderno, o dano ecológico infligido ao planeta seria devastador.

A boa notícia é que grande parte dessa energia consumida é usada para gerar calor, iluminação e conforto nas moradias modernas. E esse problema tem várias soluções igualmente eficientes e mais saudáveis.

Por isso, esse mesmo ser humano que tanto se desenvolveu tecnologicamente, que viajou pelo espaço, que conseguiu a comunicação por satélite, a rede informática e as armas biológicas, enfrenta agora o desafio maior: conseguir uma construção e uma sobrevivência sobre a base de novas e melhores fontes de energia, renováveis e limpas.

O mais alentador é que essas interrogações e suas respostas estão contidas na própria natureza, em seus quatro elementos: a terra, o ar, o fogo e a água.

Desses quatros elementos, o Feng Shui, em obediência às antigas tradições chinesas, reconhece três – o fogo, a água e a terra –, e contribui com dois: a madeira e o metal. E, embora descarte o ar, honra o vento. Assim, no total são seis os elementos de que o homem dispõe para salvar sua casa, o planeta Terra.

E tudo indica que eles são suficientes.

A ÁGUA

Vale ressaltar: Feng Shui é a arte de centrar harmonicamente o indivíduo e sua moradia, dentro da natureza. "Feng" quer dizer "vento" e "Shui", "água". A partir do nome fica o registro da importância que os antigos chineses davam a essas duas forças naturais indispensáveis para qualquer tipo de vida.

Para os chineses, Feng, o vento, representa também o pensamento, e Shui, a água, nosso comportamento. Assim, o Feng Shui não existe apenas no entorno que nos rodeia, no âmbito natural, na residência ou no escritório, mas também em nós, em nosso interior.

Não por acaso uma das discussões mais interessantes e urgentes do homem moderno é justamente a água. Sua necessidade, sua existência, seu presente e seu futuro. Diria um mestre em Feng Shui que: "a água revela nosso comportamento e supõe nossa riqueza". Escasso e suscetível à poluição, esse recurso passa por um de seus momentos mais difíceis.

A água potável, sobretudo, é a mais frágil. Conforme ela se esgota, também se polui. Além dos grandes danos ambientais já mencionados, contribuem para isso, por um lado, as chamadas "águas negras", provenientes dos vasos sanitários e carregadas de urinas e de matérias fecais, e, por outro lado, as "águas cinzas", descartadas pelas cozinhas e lavabos, corrompidas por detergentes e por restos de matérias orgânicas.

Por isso a economia de água, sua depuração através de meios apropriados e seu retorno ao meio ambiente são preocupações do Feng Shui e da bioconstrução em geral. Hoje, depois de décadas de estudos, existem várias tecnologias destinadas à economia e à restituição da água.

A água é também uma fonte de energia natural. Nos casos em que a residência é construída perto de um leito de água, pode-se aproveitar esse recurso para colocar um canal com microturbina e gerador e, assim, produzir eletricidade e energia mecânica, ou para extrair a água através de uma bomba, que funcionará pela própria força da corrente.

As quedas-d'água são uma excelente fonte de energia renovável. Com uma corrente realmente constante e um desnível apropriado, é possível construir uma pequena central hidrelétrica, capaz de alimentar uma população reduzida e proporcional.

Por tudo isso, a economia e a qualidade da água são cada dia mais importantes. Sua contaminação nos contamina e a responsabilidade é de todos.

O AR

O ar. O Feng. O outro elemento natural e vital que dá nome ao Feng Shui. O ar: o pensamento.

Segundo o Feng Shui, o interior da casa é Yin (íntimo, reservado, privado), em contraposição ao exterior, que é Yang (aberto, exposto, público). Assim, as portas e janelas de uma casa representam as conexões entre o Yin e o Yang. Mas, diferentemente das portas, que são locais de passagem, a janela é a conexão com o exterior, com a luz, com a natureza, com a comunidade e, sobretudo, com o ar. Com o Feng.

A casa, por ter um corpo como todo ser vivo, também deve respirar e transpirar. E, neste ponto, o Feng Shui, a bioconstrução, a bioclimática enfrentam uma contradição difícil de resolver. Se, para não desperdiçar recursos energéticos, é conveniente um bom isolamento térmico da residência, também é verdade que um isolamento excessivo pode dificultar o bom arejamento da casa, acumulando gases tóxicos ou atmosferas nocivas a seus habitantes.

Assim, a ventilação da casa ainda continua prevalecendo

sobre a economia de energia. A casa deve respirar, e deve respirar de forma contínua. Algo que não depende exclusivamente dos materiais e do projeto da casa, mas também da pintura que se utiliza. Os especialistas recomendam usar pinturas naturais, elaboradas à base de resinas e óleos minerais ou vegetais.

Além da realidade energética que o mundo moderno vive, é necessário garantir a transpiração e a respiração do edifício através de paredes e tetos, facilitando um intercâmbio sadio de ar e de umidade entre a moradia e o meio ambiente.

Porque outro recurso natural, também inesgotável, também grátis e quase sempre presente de dia ou de noite, é o vento.

Desde os tempos mais remotos, o vento foi umas das principais fontes energéticas do homem. Na navegação, na agricultura, na construção... e na produção de eletricidade.

De acordo com o lugar onde se construa, e dependendo de seu regime de ventos, pode-se recorrer à instalação de aerogeradores, do clássico e eterno moinho, cujo simples movimento pode ativar diretamente um dínamo, uma bomba de água ou um alternador, até o moinho de vento com o correspondente transformador para converter a força do vento em energia elétrica.

O modelo mais completo no item talvez sejam as instalações eólico-fotovoltaicas de última geração, que combinam em si as energias do vento com as do sol, provendo em seu conjunto um fornecimento elétrico seguro e completo.

O FOGO

Elétrico ou natural, o elemento fogo está presente na casa não apenas através da calefação, mas durante todo o ano, a partir da iluminação e dos eletrodomésticos.

Por isso, o grande desafio da construção moderna talvez encontre sua chave na administração dessa energia sempre disponível. O duplo objetivo, hoje, é a produção de energias limpas, eficientes e renováveis e, ao mesmo tempo, a economia dessas energias.

Com esse conhecimento, muitos bioconstrutores, como mestres de Feng Shui, sustentam que a energia menos poluente é a economia de energia. Além da técnica ou da descoberta, esses iniciados resgatam os velhos bons conselhos: apagar as luzes desnecessárias, desconectar os eletrodomésticos quando não são usados, fechar bem as torneiras... "Cada gota, cada volt, contam", dizem. E esse é o objetivo primordial que tem ou deveria ter toda a tecnologia: a economia energética.

Na iluminação, por exemplo, essa função é cumprida pelas lâmpadas compactas de baixo consumo, as lâmpadas fluorescentes, sobretudo, as equipadas com balastros eletrônicos. Longe de todo fanatismo, a arquitetura mais avançada propõe uma casa ecológica sim, mas sem prescindir de eletrodomésticos, estabelecendo apenas quais os mais eficientes e saudáveis no consumo da energia. Esse caminho obriga os fabricantes a otimizar sua produção.

Hoje já existem modernas lavadoras de pratos que reduzem o consumo de energia em 40%, e o de água, em 60%. Quanto maior a potência do eletrodoméstico, maior o impacto da contaminação elétrica sobre a saúde dos que convivem com eles.

Quanto à climatização da casa, uma correta orientação do imóvel é crucial para seu clima interior, tanto no inverno como no verão. Corretamente orientada, a casa poderá usar a radiação solar e a construção de estufas ou galerias cobertas que tanto captem a luz e a sombra como o calor.

O sol, a grande fonte que ilumina e esquenta a Terra, constitui a grande esperança da humanidade. A energia fornecida por nossa grande estrela, mais a tecnologia podem resolver muitos dos problemas habitacionais modernos, com painéis solares capazes de armazenar e redistribuir tal energia.

O sol continua sendo a opção mais óbvia na hora de procurar uma fonte de energia saudável e renovável, talvez inesgotável. A energia solar, prolífica e grátis, está à nossa disposição durante a maior parte do tempo. Não falta, não custa, não polui nem destrói ecossistemas.

As regiões mais ensolaradas incentivam o uso da energia solar, mas mesmo atrás de um céu nublado o sol está ali, dando luz e calor. Os únicos problemas que essa energia oferece são a grande dispersão e a dificuldade para ser armazenada.

Não esqueçamos que o elemento fogo está presente em todos os aparelhos elétricos. O Feng Shui afirma que, além do efeito dominante da simples presença dos aparelhos elétricos sobre nossa psicologia, também deve-se prestar atenção às alterações que produzem sobre a radiação eletromagnética. É importante saber que o fax, a televisão e os fornos microondas são os eletrodomésticos que mais radiação emitem. O Feng Shui diz que devemos ocultá-los quando não são utilizados, ou protegê-los com alguma tela relaxante, cuja cor ou motivo equilibre a presença do elemento fogo com, por exemplo, o elemento água.

O METAL

Neste ponto é onde entra para valer, com todo seu peso, o elemento metal: na tecnologia do coletor, ou painel solar, eficaz ferramenta humana para captar e acumular a energia do sol para depois utilizá-la, para iluminar, alimentar eletrodomésticos e esquentar a casa e a água da casa...

O coletor ou painel solar é uma espécie de caixa convenientemente isolada, recoberta com cristal, e que contém uma série de tubos cheios de água em seu interior. Pelo princípio da estufa, a energia solar fica presa no interior da caixa enquanto esquenta a água dos tubos para ser enviada dali para um tanque de armazenamento, para posteriormente ser utilizada. Assim trabalha a energia solar ativa.

Já a energia solar passiva é obtida a partir do projeto e da orientação da residência, com o objetivo de converter toda a casa em um verdadeiro painel solar. As janelas maiores deverão estar de frente para o sol, segurando a luz e o calor no interior da casa, enquanto do lado oposto – o lado da sombra – estarão as janelas menores, liberando durante a noite, e de forma gradual, a energia acumulada durante o dia. Portanto, uma casa construída sobre a base dos princípios do Feng Shui e dos conhecimentos da bioconstrução complementará a energia solar passiva com a ativa.

Em um mundo ideal como o que sonham – e forjam – o Feng Shui e a bioconstrução, toda moradia deveria contar com seu próprio gerador elétrico, a partir de painéis fotovoltaicos capazes de converter a luz do sol em energia elétrica.

Aí está o elemento metal, nas células de silício que constituem o painel fotovoltaico e que, conectadas entre si, são capazes de alcançar uma tensão de 12 volts. O mesmo painel protege as células das investidas e das inclemências do tempo. Claro que, assim como uma antena receptora, a energia solar captada por um painel dependerá sempre de sua inclinação, da estação do ano e do clima do dia.

Como vantagens, essa tecnologia permite reduzir de 40% a 80% o consumo de energia convencional no aquecimento da água. Com um painel de 1 m^2 de superfície, é possível esquentar entre 50 e 100 litros de água por dia. No caso de instalações mais complexas, essa tecnologia é um bom suporte para um sistema de calefação por radiadores, caldeiras de água pré-aquecida e solos radiantes.

Quanto a seu efeito poluente, para cada 2 m^2 de painel a

emissão de carbono para a atmosfera é reduzida em uma tonelada por ano.

O sol, sempre o sol. O fogo, a água e o metal e...

A MADEIRA

O outro elemento imprescindível para o Feng Shui, generoso e renovável – sempre e quando usado com precaução –, é a madeira. A antiga e eterna lenha com a qual o homem vem esquentando sua moradia desde que descobriu o fogo.

Hoje, em muitos lugares, a lenha continua sendo uma fonte de energia comparativamente barata, e os modernos aquecedores, com controle de ar, terminaram por se tornar um recurso também muito eficiente. Alguns modelos de aquecedores incluem catalisadores para controlar a fumaça e a poluição.

Portanto, trata-se de um recurso factível de uso mais comum em zonas rurais. Se todas as grandes cidades fossem aquecidas à lenha, seriam provocados grandes estragos naturais e em muito pouco tempo. É importante lembrar que as virtudes próprias dessa fonte energética dependem, em grande medida, do respeito que tenhamos pelas florestas. É do conhecimento de todos que o corte de árvores que fustigou o século XX tem perspectivas avassaladoras.

Hoje, em algumas regiões, ambos os métodos estão sendo experimentados ao mesmo tempo: a energia solar e as caldeiras de lenha para a calefação e para a água quente. E os resultados, embora incipientes, são promissores.

A TERRA

A terra, o grande elemento que contém em si mesmo todos os demais.

Em boa parte da Europa se está experimentando, com a biomassa, outra espécie de energia renovável obtida de matérias vegetais, madeira, resíduos e derivados agrícolas.

A biomassa é muito útil na hora de alimentar calefações centrais e sistemas sanitários, e gera uma força que também pode ser transformada em eletricidade. Essa tecnologia ainda precisa de longos processos de experimentação... Mas esses processos já começaram.

Há também a Terra em si, o próprio planeta, para nos dar calor. A Terra é uma fonte de energia imensa, renovável, livre e generosa. Chama-se energia geotérmica e pode resolver por si só a climatização da casa. Basta apenas uma bomba geotérmica, uma bomba de calor, um aparelho que não gera calor, apenas o transfere de um lugar para outro.

Trata-se de uma bomba que trabalha com base numa sonda, que pode ser aberta ou fechada, e que contém um líquido refrigerante através do qual o calor é transmitido.

A 20 metros de profundidade sob o nível do solo, a temperatura se mantém constante durante todo o ano, entre 7º C e 14º C, aumentando em três graus a cada cem metros para baixo. Daí se extrai calor através da sonda, e depois a bomba o distribui, pelos tubos, por toda a casa. Esses equipamentos geotérmicos não queimam nenhum tipo de combustível. Claro que, como qualquer caldeira convencional, eles dispõem de motores, bombas e compressores que se alimentam eletricamente... Mas, nesse caso, esse fornecimento pode ser obtido por meio de energia solar, eólica, ou de ambas as energias combinadas.

Terra, fogo, água, ar, metal e madeira, nesses seis elementos naturais, vitais, concentram-se os problemas do homem e seu hábitat, mas também suas soluções.

Nesse caso, tudo depende do que saibamos fazer com eles.

Criaturas religiosas

Em 1861, em Cideville, uma pacífica aldeia situada a 130 quilômetros a oeste de Paris, foi registrado outro episódio intimamente ligado ao fenômeno *poltergeist*, marcando uma singular disputa entre dois religiosos.

O pastor protestante do lugar, Félix Thorel, tinha a seu cuidado um grupo de meninos órfãos. Mas o padre Tinel, sacerdote católico da aldeia, decidiu que essas crianças deveriam estar sob seu controle e, usando de sua autoridade e influência sobre o prefeito do povoado, conseguiu tirar do pastor protestante a guarda dos meninos, ganhando-os, assim, para sua igreja.

O pastor protestante Félix Thorel não se deu por vencido, e depois de um longo e complexo processo judicial, que durou pouco mais de dois anos, recuperou a guarda dos meninos e voltou com eles para seu templo.

A partir desse dia, por toda Cideville começaram a acontecer uma série de episódios estranhos e arrepiantes. Tanto a missão calvinista como a Igreja católica viram-se sacudidas por rajadas de granizo em pleno verão, os sinos dos templos tocavam fora de hora – de dia e de noite, e sem que ninguém acionasse seu mecanismo –, os quartos dos meninos órfãos eram sacudidos cotidianamente por terríveis batidas de martelo, os candelabros começaram a levitar e a flutuar sem que ninguém tampouco os tocasse, e os órgãos das duas igrejas tocavam hinos religiosos próprios da Igreja católica.

Os fenômenos, que boa parte do povo tinha testemunhado, pararam quando o prefeito de Cideville decidiu que metade dos meninos ficassem sob o cuidado dos católicos, e a outra metade continuasse sob o controle dos protestantes.

Os estranhos acontecimentos nunca voltaram a se repetir. Tampouco foram explicados. Teria sido apenas o triunfo de uma decisão justa e harmônica?

***

Sem dúvida, a harmonia é algo que melhora e modifica qualquer situação adversa. Falemos então de obter harmonia entre nós, em nosso hábitat menor, a casa, e no maior, nosso amado planeta Terra.

Capítulo IX

O CALOR DA VIDA

Tal qual ficou exposto no capítulo anterior, grande parte da energia consumida pela humanidade é utilizada para climatizar residências e prédios, e – o que é ainda pior – quase o total dessa energia é extraída de fontes poluentes e extinguíveis.

Quanto ao restante da energia consumida atualmente, ela serve para colocar em funcionamento aparelhos elétricos, eletroeletrônicos, iluminação, comunicações, etc. No total, 30% do consumo de energia primária nos países industrializados pertence ao setor da construção.

Em síntese, quando se fala dessas fontes energéticas, toda abundância deve ser considerada *escassez,* pois todas são limitadas e não-renováveis. Com relação a sua incidência sobre o meio ambiente... não por acaso é chamada "energia suja".

A eletricidade – essa força aparentemente "limpa" que chega diariamente a todos os lares, ao comércio, às indústrias e aos escritórios – também é gerada a partir de combustíveis poluentes, como o gás, o petróleo ou o carvão. Esses elementos, ao entrar em combustão, liberam gases tóxicos, por exemplo, o óxido de nitrogênio, responsável pelas chuvas ácidas que destroem as florestas, ou o dióxido de carbono, causa principal do famoso "efeito estufa", que nas últimas décadas vem esquentando o planeta... Se acrescentarmos a isso os resíduos radioativos produzidos pelas diferentes usinas nucleares, entenderemos rapidamente as razões e as urgências que o Feng Shui, a bioconstrução e a arquitetura bioclimática trazem consigo.

Já dissemos que a arquitetura bioclimática – também chamada "arquitetura solar passiva"– resulta da convergência de antiqüíssimos conhecimentos com moderníssimas descobertas. Um cruzamento feliz entre a arquitetura tradicional, o Feng Shui e as mais avançadas técnicas do conforto e da economia energética.

A bioclimática propõe um desenho habitacional que aproveite ao máximo as circunstâncias naturais externas, sempre em função do conforto térmico interno da casa e da preservação do entorno global. Isto é, resolver a climatização da moradia com o menor custo energético e o menor dano sobre o meio ambiente.

O objetivo é obter um desenho arquitetônico inteligente que, de acordo com as circunstâncias climáticas externas e imediatas, saiba ganhar o maior calor possível durante o inverno, e possa, por sua vez, expulsá-lo gradualmente durante o verão. Logicamente, o projeto correto é difícil de ser obtido sem um bom estudo prévio sobre onde se vai construir e sobre os materiais usados na construção.

Os modernos conceitos em arquitetura procuram simplicidade e eficácia em suas estruturas e, por isso, vemos como desaparecem os corredores, por que agora os tetos são baixos e por que se modifica a distribuição dos ambientes em função da circulação geral do ar da casa. São avanços... Porém, em outros pontos, a arquitetura moderna parece piorar dia após dia. A residência atual consome cada vez mais energia para aquecer, iluminar, refrescar a casa ou esquentar água, e tudo isso na base de energia suja, proveniente, em geral, de lugares distantes da residência. O que, logicamente, eleva seu custo.

Neste ponto, sobretudo, a arquitetura bioclimática marca a diferença. Unida à tentativa original do Feng Shui – harmonizar o homem com seu entorno –, a casa solar passiva se integra a seu ambiente, não necessita de grandes quantidades de energia para sua climatização e funcionamento, e toma essa energia diretamente de seu entorno, do que tem à mão: o sol, o vento, um rio, uma cachoeira, a própria terra, como explicado no capítulo anterior...

Desde os tempos em que as possibilidades de climatização artificial eram escassas e caras, quase toda a arquitetura tradicional esteve baseada em princípios bioclimáticos. Assim se explicam as galerias e os beirais, os pátios, as fontes e o uso de certos materiais com determinadas propriedades térmicas, como a madeira ou o adobe nada novo. Só que a modernidade – em nome da redução de orçamento, da otimização dos espaços e dos altos rendimentos econômicos – às vezes se esquece do que sempre soube.

Nesse caso, a arquitetura bioclimática pretende recordar.

Apanhar o calor

Através dos tempos, os conceitos de bem-estar foram evoluindo de uma forma, digamos, inesperada. Assim como aconteceu com a vestimenta – que originalmente foi apenas abrigo e que agora é ornamento, indústria, expressão, artesanato e vaidade –, assim também a moradia deixou de ser um abrigo, um lugar de descanso e uma proteção frente às inclemências meteorológicas e animais do entorno, para representar hoje, além de um lugar confortável onde desfrutar e desenvolver a vida, um evidente símbolo de *status*.

Como símbolo, então, a moradia se viu obrigada a obedecer a cânones impostos pela moda que rege o dito *status*. A economia energética e o aproveitamento da energia solar nem sempre se encaixam nesses cânones... Só assim se explica por que, ainda hoje, a arquitetura bioclimática não se impõe como a única possível, a única verdadeiramente necessária.

Necessária e urgente, porque o planeta se esgota, porque os recursos se acabam e porque a superpopulação da Terra é um fenômeno inédito. Mas a consciência dessa realidade é ainda difusa. Em que pesem as muitas reclamações e campanhas, a publicidade do consumo ou ignora a questão ou continua associando a economia energética com o incômodo, e seu desperdício com o prestígio. A falta de informação faz o restante, e assim as engrenagens do erro continuam seu funcionamento lubrificado... Afinal das contas, ninguém reclama do que não conhece.

Mas basta chegar à bioclimática para descobrir um caminho esquecido.

Para começar, é necessário desligar a idéia de economia da déia de privação. Elas não vão juntas. Em segundo lugar, é necessário saber que uma casa bioclimática não é necessariamente mais cara que uma casa convencional, nem tem por que ser mais ou menos luxuosa, cômoda ou atrativa. A arquitetura solar passiva não precisa de custosos sistemas de aquecimento e refrigeração. Antes impõe o projeto, os materiais, os recursos arquitetônicos e as circunstâncias climáticas do lugar escolhido.

Talvez o ideal da arquitetura bioclimática esteja no que se tem chamado de "a casa auto-suficiente", uma moradia que não dependa das grandes redes de fornecimento, sejam elas de gás, eletricidade, água, ou de alimentos. Uma moradia *auto-suficiente* será aquela que obtenha o total de sua energia partindo dos recursos que o entorno imediato ofereça: água de poço, de rios ou chuva, energia solar, eólica, horta e granja próprias... Ainda que esse ideal pareça à primeira vista irrealizável, a bioclimática sustenta que é possível.

Só se trata de seguir o sol.

O CAMINHO DO SOL

Na arquitetura solar, como o próprio nome indica, não há outro norte que o sol. O homem propõe, e o sol dispõe.

O sol, protagonista da vida, também é protagonista da construção bioclimática.

De acordo com a posição do sol, poderão ser definidos o projeto externo, os materiais e a distribuição interior dos ambientes. Por isso é primordial conhecer sua trajetória.

Apenas duas vezes por ano o eixo de rotação da Terra é perpendicular a seu plano de translação: no equinócio da primavera e, depois, durante o equinócio de outono. Só então o dia dura o mesmo que a noite, e o sol surge exatamente a leste e se põe exatamente a oeste. No restante do ano, o plano da trajetória de translação da Terra em relação ao sol se dispõe em ângulos variados, de acordo com o momento do ano correspondente.

A orientação da casa, a localização geográfica e a distribuição interna definirão as radiações que essa casa vai receber, ou seja: seu bem-estar e saúde.

A radiação solar que incide sobre a Terra se manifesta de três formas distintas: direta, difusa e refletida.

A radiação direta é a que provém diretamente do sol.

A radiação difusa é a recebida pelo efeito da dispersão da radiação do sol. Nos dias ensolarados, essa energia não representa mais do que 15% da radiação global, mas em dias nublados a proporção da radiação difusa aumenta de maneira considerável. Assim, as superfícies horizontais são as que mais radiação recebem porque, ao estar de cara para o céu, abarcam maior espaço celeste, enquanto as superfícies verticais recebem menor radiação, porque só captam a metade da semi-esfera celeste.

A radiação refletida é precisamente a que reflete a superfície terrestre. Assim, a quantidade de radiação produzida dependerá do coeficiente de reflexão da superfície. As areias claras, a neve, por exemplo, concentram um alto poder de radiação. O inverso acontece com a radiação difusa: as superfícies horizontais não recebem tanta radiação como as verticais.

O importante é lembrar que todas as formas de radiação implicam em uma carga de energia factível de ser usada ou estocada, de forma direta ou tecnologicamente. Na hora de entender o comportamento térmico de uma casa, é necessário levar em consideração os mecanismos típicos da transmissão do calor.

O calor é um movimento de agitação molecular, que assim se transmite de um corpo a outro. Essa operação pode ser realizada de três formas distintas: a condução, a convecção e a radiação.

Ele se transmite por *condução* através da massa do próprio corpo que atravessa. A viabilidade com que o calor corre define esse corpo como condutor ou isolante, conforme o caso. (Com freqüência a arquitetura tradicional esquece de aplicar um bom revestimento isolante em paredes e tetos, e por esse motivo as moradias modernas perdem calor durante o inverno, ou o absorvem durante o verão.)

A transmissão por *convecção* se dá quando o material condutor é fluido, líquido ou gasoso, e, além de levar o calor pela massa de seu corpo, também o impulsiona a partir do movimento produzido pelas diferenças de temperatura entre o ar quente e o frio.

E a transmissão por *radiação* é realizada quando todo o material emite uma força eletromagnética, cuja intensidade é dada pela temperatura que ela tenha. Um aquecedor de gás butano é um pequeno exemplo de transmissão por radiação. O sol é o exemplo maior.

Nas residências modernas, esses três mecanismos de transmissão de calor, paradoxalmente, são também as causas principais das perdas de calor da casa.

Dentro da residência, o calor é transmitido por radiação através dos paramentos – muros, tetos, chãos – e por convecção entre os paramentos e o ar interior. Para evitar perdas de calor, é conveniente recobrir os paramentos com uma camada de material termicamente isolante, dando especial atenção às chamadas "pontes térmicas". Estas juntas, ou pontos de reforço dos paramentos, muitas vezes estão elaboradas com materiais diferentes do restante, provocando uma greta no material isolante que permite a fuga do calor.

A ventilação é outra das grandes causas da perda de calor. Embora toda moradia necessite de ventilação correta para um bom ritmo respiratório, essa renovação do ar deve ser obtida sem provocar perdas de calor. Do contrário, a casa será quente no verão e fria no inverno.

Uma habitual via de escape do ar quente – perigosa muitas vezes por ser imperceptível – são os vazamentos. Nem sempre bastam vidros duplos, se pelas juntas das portas e das venezianas escapa todo o calor, ou penetram o frio e a umidade.

Mesmo que se controle a ventilação e os vazamentos sejam reduzidos ao mínimo, nos dias de vento o calor da casa se dissipará muito mais rápido por ação dos dados exteriores. Uma vez mais, aqui o projeto e a orientação da residência têm um papel determinante para que a radiação solar chegue e atue da maneira mais eficaz.

Outro tema muito importante a ser levado em consideração é a *capacidade calorífica.*

Sabemos que o óleo esquenta mais rápido que a água, e que a água tarda mais a se esfriar. Isso significa que a água guarda maior quantidade de calor por grau centígrado que recebe. A isso se chama "capacidade calorífica". Quanto mais um corpo demora a esquentar, maior capacidade calorífica tem.

A capacidade calorífica e a armazenagem de calor produzem certos fenômenos constantes, que costumam ser ignorados. Só assim se explica que certos quartos que costumam demorar mais para esquentar são também os que esfriam mais rápido. Isso acontece também com as estações do ano. Durante o equinócio de primavera, o sol está na mesma posição que durante o equinócio de outono, mas as temperaturas são maiores no outono. A razão é simples: nos umbrais do outono, a Terra ainda guarda em sua massa o calor de todo o verão. Essa resistência da temperatura diante das mudanças climáticas é conhecida como "inércia térmica". Um conceito fundamental para a moradia bioclimática.

Se a casa não tem muita inércia térmica, então reagirá mais rapidamente à radiação solar, esquentando durante o inverno, mas esfriando quando volta a noite. Todo o contrário acontece em moradias com grande inércia térmica, nas quais a radiação solar não provocará uma subida rápida da temperatura, mas armazenará calor para quando o sol não esteja. Tais variações na temperatura nunca alcançam valores extremos e no final são amortecidas, porque a variação interior da temperatura não é tão grande como a variação exterior.

A superfície terrestre, o chão, por exemplo, tem uma grande inércia térmica que permite amortecer as mudanças de temperatura entre o dia e a noite, e também entre estações. Esse amortecimento depende muito da profundidade e do tipo de solo.

Para seu maior amortecimento, as variações de temperatura entre o dia e a noite precisam de apenas vinte ou trinta centímetros de espessura. Para amortecer a variação entre dois dias de diferentes temperaturas, a espessura deverá ter entre oitenta e duzentos centímetros. E para melhor amortecer as mudanças entre o inverno e o verão, será necessária uma espessura de seis a doze metros, pelo menos.

Pensar em residências soterradas a grandes profundidades não é factível nem lógico, mas já existem sim muitos projetos para casas semi-soterradas, de forma a aproveitar melhor a inércia térmica do terreno.

Apanhar o ar

Na hora de economizar energia – e ao mesmo tempo, não se privar dela – deve-se por todos os meios captar o calor do sol, e governá-lo mesmo de noite.

Nessa procura, a bioclimática faz experiências com diversos métodos, mas na essência há três únicos sistemas: diretos, semidiretos e indiretos.

Nos sistemas *diretos,* o sol entra pelos vidros das janelas, para o interior da residência. Uma vez no interior, é primordial contar com massas térmicas de acumulação de calor no chão e nas paredes, para receber melhor a radiação. Os sistemas diretos são os que mais rápido funcionam e maiores rendimentos oferecem.

Depois há os sistemas *semidiretos*, que precisam de um agregado, uma estufa, por exemplo, que funcione como uma câmara de ar entre o clima do exterior e do interior. Uma vez acumulada nesse espaço intermediário, a energia pode ser manejada à vontade a partir de fechamentos móveis, que abram passagem – para o interior da casa – para o ar quente retido. Esse sistema não é tão eficiente como o direto, porém é mais rápido.

Por último, existem os sistemas *indiretos*, que conseguem a captação de calor por meio de uma ferramenta de armazenagem, por exemplo, um paramento feito de materiais de alta capacidade calorífica. Assim, o calor é captado por condução, convecção e radiação, e depois distribuído. O rendimento desses sistemas é inferior ao do sistema direto. São, também, mais lentos, mas podem ser muito eficazes se utilizados de forma complementar aos outros.

É que de alguma forma é necessário pegar o ar. Isso é importante.

Vista para o mundo

Lin Yu Tan repetia sua já célebre frase:

A casa não é apenas a casa, mas também o panorama que se domina a partir dela.

A orientação é um ponto vital, não só pelo panorama, mas também pelo tipo de panorama que determina. Uma casa que ambicione o calor no inverno deve ter sua maior superfície olhando para o equador. O verão não será um problema, se as janelas da fachada oposta foram estrategicamente projetadas.

A orientação da casa determinará sua captação solar e a influência dos ventos dominantes, seja sobre aberturas, seja sobre vazamentos. Tudo que influirá diretamente não apenas sobre a climatização da moradia, mas também sobre a economia energética. O melhor é orientar a maior superfície para o sol. No verão, as sombras, as contra-janelas e as janelas resolverão o problema da ventilação.

Os grandes buracos da casa – janelas, sacadas, portas – devem olhar para a parte mais ensolarada da região, e no interior da casa assegurar uma boa massa térmica para armazenar o calor e manter a casa confortável pela noite. Ao mesmo tempo, devem sanear o ambiente, diminuindo a umidade.

Quanto às aberturas do lado mais ensolarado, para evitar o excesso de calor durante o verão, as varandas em frente das portas são benéficas e os pequenos telhados sobre as janelas (sempre sem perder de vista a diferença de altura e trajeto do sol nas diferentes estações). Um pequeno vestíbulo ou separador entre a porta de entrada e o restante da moradia servirá de retenção frente à climatologia exterior. Logicamente, todos esses agregados deverão ser feitos em dimensões adequadas para evitar que, durante o inverno, impeçam a entrada do calor.

Junto à orientação da residência, como ponto fundamental também, está sua adaptação ao lugar.

A arquitetura moderna, em muitos sentidos, esqueceu a importância do lugar onde se constrói. Obrigada pela escassez do espaço, já quase não leva em consideração o entorno. Grave erro. Ainda estão em pé pelo mundo todo construções que nos lembram a importância da adaptação ao lugar. Pátios andaluzes, pérgulas, fachadas refratárias, galerias com alpendres para captar o frescor e não desperdiçar o sol, ou sacadas envidraçadas próprias das regiões frias, onde o sol é pouco e deve-se captá-lo como puder. O lugar também nos dita o projeto.

Outro recurso muito eficaz para esfriar a casa é a "vaporização". Não é casual que ali onde exista água, o lugar seja mais fresco. Quando um corpo passa de seu estado líquido a um estado gasoso, necessita absorver uma quantidade de energia chamada "calor de vaporização". Então a água, ao evaporar-se, absorve calor, um calor que toma de seu entorno imediato, esfriando-o nessa operação.

A água de uma vasilha costuma estar sempre com temperatura menor que a do ambiente, pois a vasilha é feita de barro, e isso a faz permeável ao vapor de água. Assim, a água que se evapora refresca a água que fica.

Paradoxalmente, ao utilizar a energia solar para evaporar água, estamos usando o calor para gerar frio. Uma fonte em um pátio refrescará a região e os ambientes limítrofes ao pátio. O efeito ganhará potência se existir vegetação que o ampare. Mas essa vegetação deve ser dosada, equilibrada, pois um excesso de vegetação pode multiplicar a umidade, multiplicando o calor próprio da casa, ou seu frio. Outro antigo recurso que não perdeu eficácia na hora de refrescar a residência é o rego por seus arredores, contra fachadas e sobre tetos.

E sempre será necessário prestar atenção à fachada que exporemos ao sol, sua superfície, se está pintada com cores refratárias, a quantidade e o tamanho das janelas, a proteção destas e o jogo de correntes de ar que permita sua distribuição. O projeto, outra vez o projeto, sempre o projeto.

Epílogo

Os médicos da casa

Da milenar sabedoria chinesa até os últimos recursos da arquitetura mais avançada, da fantástica mansão mal-assombrada até o detalhe científico, das falhas subterrâneas do terreno até seu entorno e seu planeta, da retícula invisível e oculta das linhas de Hartmann até a disposição do mais ínfimo de seus ornamentos, do porão até o telhado, do revestimento até sua alma, o hábitat foi observado por completo, a casa e o escritório, a escola, a oficina, o comércio, a moradia humana em todas as suas possibilidades.

Com técnica, com método, com intuição, com tecnologia de última geração e com sabedoria ancestral, a casa completa foi revisada, avaliada, repensada.

O objetivo de tudo foi sempre um e o mesmo: a melhor harmonia entre o homem e o hábitat. Uma casa sadia para a saúde de seus habitantes.

Histórias, conselhos, exemplos, casos, dados, experimentos, demonstrações, chaves, informação e segredos urdidos, expostos ou revelados para uma construção cada dia mais eficiente, mais evoluída, consagrada à procura de uma melhor qualidade de vida ali onde transcorre a vida. Na casa, no escritório, na escola, na oficina...

Há cinco mil anos atrás, na China, o ser humano começava a se perguntar qual a verdadeira relação entre a natureza, seu hábitat e ele próprio.

O curso dos rios, o movimentos das estrelas, a conduta do sol, a lua, os animais e os ventos começaram a lhe explicar o que ainda não conhecia, e assim o ser humano deu forma à filosofia e à arte de harmonizar-se com seu entorno, com sua casa, com sua realidade. Nascia o Feng Shui.

Cinco mil anos depois, o esforço e o talento extraíram dessa arte milenar diversas disciplinas, hoje consideradas como ciências: a biologia, a geobiologia, a bioclimática, a bioconstrução, a própria arquitetura... O objetivo de todas elas é sempre o mesmo: viver melhor.

Talvez a única diferença entre os antigos chineses e o homem do século XXI seja que, naquela época, aquelas artes eram um prazer e hoje são uma necessidade.

Os rigores da vida moderna, o alto preço pago por tanto progresso e sua tecnologia – a poluição, a radiação eletromagnética, a devastação das florestas –, o frenético ritmo de vida imposto pela informática, a superpopulação e conseqüentes problemas de espaço e abastecimento, a limitação dos recursos naturais tão explorados, tudo isso exige do homem de hoje um compromisso maior, um ponto de vista diferente, sem tanto tempo para a vida contemplativa, porque agora a própria vida está em jogo.

Hoje, mais que nunca, uma moradia sadia é uma questão fundamental. Hoje, mais que nunca, os mais velhos conselhos valem e a imaginação e o engenho urgem.

Não deixemos de remexer nos fenômenos paranormais, nem nos fechemos em vê-los como manifestações de uma dimensão que ainda não dominamos completamente. Saibamos que a madeira, a terra, a água, o sol, os ventos, o mapa Ba-guá, os quatro pontos cardeais, as cores e as formas são ferramentas à mão para qualquer um, em qualquer parte. Ao saber utilizá-las, podemos otimizar nosso hábitat, melhorar nossa saúde, nos trazer prosperidade... mudar a vida. Por exagerado que pareça.

Não sem ajuda, o Feng shui atravessou os séculos, transcendeu as fronteiras, chegou até nossos dias, se impôs entre cientistas e deu à luz novas disciplinas e novas ciências. Não sem ajuda, milhares e milhões de homens transmitiram seus conhecimentos de geração em geração, de prova em prova, de resultado em resultado.

E tudo, do Feng Shui até a bioconstrução e seus muitos afluentes, indica o mesmo: a casa vive, tem corpo e alma, pode adoecer e, portanto, pode ser curada.

E os melhores médicos são seus próprios habitantes. Nós.

Bibliografia recomendada

Acondicionamiento y energia solar en Arquitectura. Bedoya Frutos, C. e Neila González, J. COAM, Madri, 1986.

Arquitectura bioclimática. Dominique Gauzin-Müller, Editado Gustavo Gili, Barcelona, 2003.

Arquitectura Solar, Aspectos pasivos, bioclimatismo e iluminación natural. Yañez, G. Ministerio de Fomento, Madri, 1998-1999.

Arquitectura y clima. Olgyay, V. Ed. Gustavo Gili, Barcelona, 1998.

Arquitectura y clima en Andalucia, manual de diseño. Vários autores. Junta de Andalucía , Sevilha, 1997.

Arquitectura y climas. Serra Florensa, R. Ed. Gustavo Gili, Barcelona, 1995.

Arquitectura y energía natural. Serra Florensa R. Coch Roura, H., UPC, Barcelona, 1995.

Biojardineria. Um jardin comestible en casa. Quico Barranco. Editorial Océano Ámbar, 1997.

Biología y ecología del suelo. V. Parisi. Editorial Blume, Barcelona, 1992.

Biologia recreativa. Ethel Hanaver. Ediciones Altea, Madri. 1977.

Climas. Rafael Serra. Editorial Gustavo Gili, Barcelona, 1998.

Clima, lugar y arquitectura, manual de diseño bioclimático. R. Serra. Edita CIEMAT (Centro de Investigaciones Energéticas, Medioambientales y Tecnológicas), Madri, 1998.

Cocinas solares. Manual de uso y construcción. Vários autores. Editorial Cesolar, Sevilha, 1994.

Cómo situar la cama en um lugar adecuado. Yves Primault. Editorial Obelisco, Madri, 1998.

Contaminación electromágnetica. Raul de la Rosa. 3. ed. Editorial Terapión, Madri,1995.

Creando ciudades sostenibles. Herbert Girardet. Ediciones Tilde, Valencia, 2001.

De lo visible a lo invisible, uma historia de la materia. Ricardo Moreno Valdepérez. Edita Ricardo Moreno Valdepérez.

Ecourbanismo, entornos urbanos sostenibles. Miguel Ruano. Editorial Gustavo Gili, 2000.

El camino del Feng Shui. Jon Sandifer. Urano, Barcelona, 1997.

El cuidado del alma. Thomas Moore. Urano, Barcelona, 1993.

Electromagnetismo, inquietante, ubicuo y silencioso. Pedro Costa Morata. Editorial Troya, Barcelona, 1997.

El espíritu del hogar. Helen Berliner. Editorial RBA, Madri, 1996.

El gran libro de la casa sana. Mariano Bueno. Editorial Martínez Roca, Madri, 1997.

El huerto biológico. Claude Aubert. Editorial Integral, Madri.

El libro de la energía solar pasiva. Mazria, E. Ed. Gustavo Gili, Barcelona, 1983.

El libro de las energías renovables. Francisco Jarabo, Celestino Pérez, Nicolás Elortegui, José Fernández, Juan J. Macias. Editorial SAPT, Madri, 1997.

El libro del jardín natural. Peter Harper. Editorial Integral, Barcelona, 1995.

El suelo vivo. Monográfico de la revista integral. Jean Marie Roger. Barcelona, 1985.

Energía eólica. M. Castro, I. Cruz e C. Sanchez. Editorial Progrensa, Barcelona, 1999.

Energía eólica práctica. Paul Jipe. Editorial Progensa, Barcelona, 1998.

Energia renovable práctica. Iñaki y Sebastián Urkia Lus. Editorial Pamiela, Pamplona, 1999.

Energias Renovables. Mario Ortega Rodríguez. Editorial Paraninfo, Madri, 1995.

Energy Concious Design. Vários autores. Comisióno Comunidades Europeas, Bruxelas, 1992.

Espacios Tranquilos. Alice Whately. Editorial Blume, Barcelona, 2001.

Estrés de alta tensión. Carlos M. Requejo. Editorial Didaco, Barcelona, 2000.

Estudio de la vegetación. N. Rubio. Editorial Anaya, Madri, 1987.

European Solar Handbook. Vários autores. Comisión Comunidades Europeas, Bruxelas, 1986.

Feng Shui. William Spear. Robin Book, Barcelona, 1998.

Feng Shui de la abundancia. Suzan Hilton. Editorial Urano, Barcelona, 1997.

Feng Shui de la tierra. José Manuel Chica Casasola. Edita Mandala, Madri, 1999.

Feng Shui habitación por habitación. Terah Katrhyn Collins. Urano, Barcelona, 1998.

Feng Shui, la ciencia del paisaje sagrado en la antigua China. Ernest J. Eitel. Editorial Obelisco, Madri, 2000.

Feng Shui para Occidente. Terah Kathryn Collins. Urano, Barcelona, 1997.

Geobiología: Medicina del hábitat. Raul de la Rosa. Editorial Terapión, Barcelona, 1997.

Guía de Bioconstrucción. Camilo Rodriguez Lledó. Editorial Mandala, Madri, 1999.

Guia de l´edificació sostenible. Vários autores. Instituto Cerdá, Barcelona, 1999.

Guía práctica ilustrada para los amantes de la naturaleza. Michael Chenery. Editorial Blume, Barcelona, 1980.

I Ching, el libro de las mutaciones. Richard Wilhelm. Edhasa, Barcelona, 1995.

Ingenios solares. J. M. Jiménez "super". Editorial Pamiela, Pamplona, 1998.

La casa enferma. Energías telúricas y salud. Carlos M. Requejo. Editorial Didaco, Barcelona, 1999.

La ciencia china del Feng Shui. Lam Kam Chuem. Editorial Integral, Barcelona, 1998.

La energia de la biomasa. Francisco Jarabo Friedrich. Era Solar, Madri, 1999.

La rediestesia. Raúl de la Rosa. Editorial Integral, Madri, 1996.

La senda del cultivo natural. Masanobu, Fukuoka. Editorial Terapión, Valencia, 1998.

Las siete leyes espirituales del éxito. Deeprak Chopra. Edaf, Madri, 1996.

Libro completo dee Feng Shui. Eva Wong. Editorial Gaia, Madri. 1987

Manual práctico del I Ching. R. L. Wing. Edaf, Madri, 1989.

Proyectar com la naturaleza. Bases ecológicas para el proyecto arquitectónico. Ken Yeang. Editorial Gustavo Gili, Barcelona, 1999.

Proyecto, clima y arquitectura. Vários autores. Editorial Gustavo Gili, México, 1986.

Recuperar el futuro. Vários autores. Edita La Garrucha Cultural, Madri, 1996.

Sol Power. Sophia e Stefan Behling. Editorial Gustavo gili, Barcelona, 1997.

Tao Teh Ching. Lao Tse. Existem diversas traduções.

Tu Feng Shui personal. Lam Kam Chuem. Editorial Integral, Barcelona, 1998.

Usted puede sanar su vida. Louis Hay. Urano, Barcelona, 1989.

Vida óptima. John Roger e Peter McWilliams. Grijalbo, Barcelona, 1991.

¡Vivir!. Louis Hay. Urano, Barcelona, 1995.

Vivir en casa sana. Mariano Bueno. Editorial Martínez Roca, Madri, 1998.

Wateerscapes. El tratamiento de aguas residuales mediante sistemas vegetales. Hélène Izembart e Bertrand Le Boudec. Editorial Gustavo Gili, Barcelona, 1997.

WEB SITES RECOMENDADOS

www.gea-es.org
http://habitat.aq.upm.es
www.fengshuinatural.com
www.servisalud.com
www.raycons.com
www.biotectura.com
www.internatura.uji.es
www.probicosl.com
selba.solidaragon,org
www.cederaitana.com
www.ctv.es
www.luisdegarrido.com
www.airelibrelapalma.org
www.indarsun.com
www.isf.uva.esp
www.angelfire.com
www.sitiohispano.com
www.ambientando.com
www.emplenitud.com
www.formarse.com.ar
www.deon.com.ar
www.fengshui60.7p.com
www.revistainvestigacion.com
www.solartec.org
www.domotica.net
www.proyecots-programas.com
www.climasoft.com

www.buildnet.es
www.alisolar.com
www.lineasolar.com
www.vivienda-bioclimatica.com
www.arquired.es
www.arquinex.es
www.eurosur.org
www.nevadalki.com
www.geoambiental.com.ar
www.acevedonet.com.ar
www.geobiologia.info
www.elistas.net/lista
www.radiestesiaargentina.netfirms.com
www.consulnat.com

Este livro foi composto em Minion pela
Globaltec Produções Gráfica para a Editora
Planeta do Brasil em abril de 2005.